clarté et connexion
clarity & connection

Du même auteur, chez le même éditeur :

revenir à soi, inward, 2022.

Titre original : *clarity & connection*

Publié pour la première fois par Andrews McMeel Publishing,
a division of Andrews McMeel Universal.
1130 Walnut Street, Kansas City, Missouri 64106
www.andrewsmcmeel.com

Traduit de l'américain par Sabine Rolland.

Graphisme de couverture : Sierra S. Stanton

ISBN : 978-2-7029-2144-9

www.editions-tredaniel.com
info@guytredaniel.fr
www.facebook.com/editions.tredaniel
@le_courrier_du_livre
@editions_guy_tredaniel

yung pueblo

clarté et connexion
clarity & connection

LE COURRIER DU LIVRE
27, rue des Grands-Augustins
75 006 Paris

tous les êtres humains
sont unis par
la naissance,
la vie,
la mort, et
toutes les émotions
entre

le plus grand changement dans ta vie s'opère quand tu
vas *au cœur de toi-même.*
tu pénètres en toi et observes tout ce que tu y trouves en
l'acceptant ;
l'amour que tu apportes éclaire ta conscience de
toi-même ;
tu commences à voir combien le passé est entassé dans
ton esprit et dans ton cœur –
la patience, l'honnêteté et l'observation démarrent le
processus de guérison.

avec le temps, l'intention et de bonnes pratiques de
guérison, le passé perd de son pouvoir sur ta vie.
tu continues le processus – pénétrer en toi-même,
ressentir, comprendre et lâcher prise.
c'est alors que tu commences à voir les résultats ; tu
n'es plus le même.
ton esprit te paraît plus léger et développe une *clarté*
nouvelle, plus aiguë.
tu entres peu à peu dans ta vie et dans tes relations
prêt pour une *connexion* plus profonde.

sommaire

la conscience de soi	11
défaire	61
l'amour qui nous unit	107
croître intérieurement	163
une nouvelle vie	203

la conscience de soi

guéris-toi, mais ne te précipite pas
aide les autres, mais pose des limites
aime les autres, mais ne les laisse pas te nuire
aime-toi, mais ne deviens pas égoïste
reste informé, mais ne te laisse pas déborder
accueille le changement, mais continue de poursuivre
tes objectifs

la prochaine fois que tu te sens agité intérieurement
parce que tu retombes dans des schémas du passé,
rappelle-toi qu'avoir simplement conscience
que tu répètes le passé
est un signe de progrès

la conscience que tu as de toi-même précède
le grand saut vers
ta transformation personnelle

il n'est pas facile

de te guérir toi-même
de développer de nouvelles habitudes
d'observer la réalité sans projections ni illusions

c'est un travail qui réclame des efforts

mais si tu persistes
les fruits de ton labeur auront
un impact sur ta vie
immensément positif

la maturité
c'est savoir que
quand tu n'as pas le moral
tu ne dois pas te fier à
l'image que tu as de toi-même

rejette l'idée
que guérir c'est oublier

l'aboutissement est de ne plus
réagir aux anciens facteurs déclenchants
avec la même intensité qu'auparavant

les souvenirs demeurent,
mais ils n'ont pas le
même pouvoir sur ton esprit

j'ai passé des années sans avoir conscience
que je me fuyais,
cherchant toujours de la compagnie ou de la distraction
pour ne pas avoir à affronter
mes sombres orages intérieurs

chaque moment était l'occasion de faire diversion ;
les amitiés une échappatoire,
le plaisir un soulagement temporaire de la douleur

je ne voyais pas que mes relations étaient superficielles
j'étais bien trop éloigné de moi-même

je ne comprenais pas pourquoi la solitude m'était
insupportable
ni pourquoi le « fun » n'arrivait pas à calmer
définitivement
ces turbulences émotionnelles

bien trop longtemps j'ai ignoré
que le seul moyen de voir ma vie s'améliorer,
mes relations s'enrichir
et mon esprit trouver enfin l'apaisement
était pour moi d'explorer et d'accueillir
l'inconnu angoissé qui m'habitait

tu peux changer d'endroit,
faire de nouvelles rencontres,
et continuer de traîner les mêmes problèmes.

pour changer vraiment ta vie,
tu as besoin de revenir à toi,
d'apprendre à te connaître et à t'aimer,
et de guérir le traumatisme et le lourd conditionnement
de ton esprit.

c'est ainsi que tu vas à la racine.
les changements intérieurs
ont un impact extérieur important.

je continuais de me faire écraser
par mes propres attentes

à peine présent
toujours à penser sans ressentir
à parler sans écouter
à échanger sans prêter attention

à sourire pour donner le change

mon cœur avait du mal avec la gratitude

jamais satisfait
passant toujours à côté de ce qui était sous mes yeux

parce que mon esprit sautait sans cesse
à imaginer ce que je pouvais vouloir de plus

tout ce qui m'était donné ne m'apparaissait
jamais aussi extraordinaire que ce que j'avais imaginé

(déconnecté)

après le traumatisme
je suis passé en mode survie

sans le savoir, j'ai protégé mon être par l'anesthésie

pour devenir insensible à l'approche des autres
pour faire bouclier à mon tourment intérieur
pour éviter d'accepter ce qui s'était passé

sans le savoir, je suis tombé dans un cycle de
besoins compulsifs

besoin de sécurité
besoin d'être nourri
besoin de ne plus souffrir

mes réactions étaient fortes et fréquentes
tout ce qui n'allait pas dans mon sens
était perçu comme une menace potentielle

mon attention s'attachait uniquement à protéger
ma fragile estime de moi-même
je manquais d'énergie pour me mettre
à la place des autres

il m'a fallu ce sentiment permanent
d'insatisfaction
et l'épuisement de ne jamais me sentir
bien

pour commencer à me sortir de mon
mode de vie dissocié
et finir par dire « ça suffit »
à une attitude constamment défensive

(avant la prise de conscience)

la friction
à l'intérieur de ton esprit
va continuer de déborder
sur tes relations aux autres

jusqu'à ce que tu traites
ton histoire émotionnelle
et comprennes dans quelle mesure elle façonne
ton ego, ta perception et tes réactions

fais ce qui est bien pour toi.
fais-le encore et encore.
penche-toi dans la lumière.

continue d'avancer même quand c'est dur.
surtout quand c'est dur.

ne te laisse pas freiner par le doute.
fais confiance au processus quand tu as le moral en berne.

que la croissance intérieure soit ta mission.
la guérison ta récompense.
la liberté ton but.

tout le monde peut tirer profit de l'auto-guérison ;
même ceux qui n'ont pas
vécu de traumatisme grave
ont à un moment ou à un autre
senti la piqûre des émotions lourdes

l'esprit éprouve de façon aiguë
ces moments qui ont tendance à se propager
impactant notre manière de penser, de sentir et d'agir

bien que nous puissions apprendre à gérer la tension mentale
et les changements inattendus qui provoquent des turbulences

en regardant plus profondément en nous-mêmes
nous pouvons réussir à réparer les vieilles blessures
et libérer les vieilles souffrances

en regardant plus profondément en nous-mêmes
nous pouvons trouver le courage d'*évoluer*

de développer un esprit plus clair
un bonheur plus élevé
une patience plus grande
une honnêteté plus forte
un amour plus vaste

principes essentiels à te rappeler quand tu es dans un mauvais jour :

cultive la patience
accepte ce que tu ressens
ne te punis pas
veille à bien te reposer
accorde-toi suffisamment de bienveillance
réalise de moindres objectifs ce jour-là
fais des choses qui apaisent ton esprit
un mauvais moment n'est pas toute une vie de malheur
les difficultés peuvent être un espace de croissance profonde
ce désagrément ponctuel n'est pas définitif

avant d'être capable de voir
clairement ton prochain
tu dois d'abord savoir
que ton esprit va automatiquement
filtrer ce qu'il perçoit à travers le prisme
de ton conditionnement passé et
de ton état émotionnel présent

parfois tu vas délibérément à la rupture parce qu'il est clair que ton couple a fait son temps. pendant quelque temps vous avez vécu tous les deux en parfaite harmonie, mais avec le temps vos chemins ont commencé à diverger. il est devenu trop difficile de trouver un compromis et ton cœur ne se sent plus chez lui. tu fais le maximum mais il arrive un moment où tu dis stop et prends une autre direction. même si l'avenir est incertain, tu sais que poursuivre ta route en solitaire est ce dont tu as besoin pour grandir et être libre.

prendre un moment
pour savoir
comment tu te sens vraiment
au lieu de laisser
les vieux schémas décider pour toi
est l’une des choses
les plus *authentiques* que tu puisses faire

j'ai construit une maison avec quelqu'un d'autre à plusieurs reprises maintenant, m'attendant toujours à ce que ce soit un refuge durable. au passage des tempêtes, les maisons montraient leur faiblesse et finissaient par s'écrouler. livré à la peur de la tristesse et au sentiment de vide des nouveaux départs inutiles, j'ai finalement réalisé que si je bâtissais une maison à l'intérieur de moi-même, un palais de paix créé avec ma propre conscience et mon propre amour, il pourrait être le refuge que j'ai toujours cherché.

tantôt les couples mettent un terme à une relation
de qualité parce que les domaines qu'ils jugent
dysfonctionnels sont intensifiés par les problèmes
personnels qu'ils n'ont pas réglé correctement. tantôt
les couples brisent ce qu'ils ont construit parce qu'ils
n'ont pas conscience de leurs projections et ne sont pas
prêts à apprécier ce qui est bon pour eux.

guéris-toi,
pas seulement pour pouvoir t'épanouir,
mais pour être sûr que les personnes
qui croiseront ta route à l'avenir
seront plus à l'abri du mal

ce n'est pas facile, mais l'idée est simple :

plus nous guérissons nos propres blessures, moins nous serons susceptibles de faire du mal à autrui, volontairement ou involontairement. la perfection est impossible au niveau interpersonnel. nos perceptions individuelles et nos émotions changeantes suscitent de temps en temps des malentendus et des souffrances accidentelles, mais si nous sommes capables de manifester de la compassion les uns envers les autres, nous pourrons réparer les blessures qui demandent à être soignées.

nous transmettons souvent notre tension intérieure aux autres sans comprendre qu'elle ne nous appartenait pas à l'origine. on nous l'a transmise, et nous l'avons transmise à quelqu'un d'autre, qui l'a transmise à quelqu'un d'autre, et ainsi de suite jusqu'à ce qu'elle atterrisse entre les mains d'une personne disposant des outils nécessaires pour la traiter et la dissoudre. plus nous serons nombreux à être ouverts au travail intérieur, plus il y aura de points dans la toile géante de l'humanité à partir desquels le mal ne pourra pas s'étendre.

la connaissance de nous-mêmes nécessaire pour cesser de nous nuire à nous-mêmes et de nuire aux autres ne se limite pas à identifier nos propres mécanismes intérieurs, notre traumatisme, les moments où nous projetons sur les autres ou la manière dont nos réactions impactent nos perceptions. il s'agit aussi de prendre le temps de comprendre ce que la société a encodé dans notre esprit sans notre permission explicite.

une honnêteté totale avec nous-mêmes est le point de départ. elle peut nous aider à surmonter de nombreux complexes et à nous rendre compte que nous disposons d'une grande marge d'amélioration. mais si nous voulons aller à la racine du problème, creuser toujours plus profondément, notamment dans l'inconscient où bon nombre de nos vieux schémas se tiennent à l'affût, il nous faut trouver une pratique capable de nous aider à traiter ce conditionnement et à nous en débarrasser. inutile de réinventer la roue. il existe déjà de nombreuses pratiques éprouvées qui ont aidé des milliers de personnes à réaliser de réelles avancées dans leur vie. notre tâche consiste simplement à chercher et à trouver ce qui fonctionne pour nous, puis à nous engager dans ce voyage intérieur.

quand la guérison se fait en profondeur
il se produit parfois
une explosion émotionnelle
destinée à évacuer
les vieux débris énergétiques

tu ressens un maximum d'agitation intérieure
juste avant de t'installer
dans une paix plus substantielle

les individus sont incroyablement similaires et différents à la fois. nous avons tous la même structure psychique et émotionnelle de base, mais un conditionnement mental distinct parce qu'il n'y a pas deux personnes qui ont vécu exactement les mêmes choses. les rebondissements de l'existence, nos réactions, ce que nous avons compris et mal compris, tout ce que nous avons été amenés à croire, notre image de nous-mêmes et notre manière de percevoir le monde, l'enchevêtrement des schémas qui influencent notre comportement, le degré de gravité de nos traumatismes – la liste est sans fin, et tu t'aperçois que chaque individu possède son propre monde intérieur et une histoire émotionnelle unique.

puisque nous sommes tous si différents, ce qui aide une personne à guérir peut ne pas en aider une autre. ce qui peut sembler trop difficile ou trop facile à l'une peut convenir parfaitement à l'autre, ou convenir à une étape ultérieure de la vie. heureusement, nous vivons à une époque où les outils et les pratiques de guérison deviennent plus accessibles. si nous faisons l'effort, nous pouvons trouver quelque chose qui réponde à notre conditionnement actuel, quelque chose que nous trouvons difficile mais pas impossible, quelque chose qui fasse appel à notre intuition, quelque chose à l'apprentissage et à la pratique duquel nous sommes prêts à consacrer du temps. il y a tellement de possibilités, depuis les différentes formes de méditation

jusqu'à un large éventail de pratiques thérapeutiques et
de nombreux autres moyens de guérison.

il ne s'agit pas de feindre le calme quand
tu éprouves réellement des tourbillons émotionnels ;
il s'agit d'accepter ce qui s'est manifesté
sans rajouter de tension inutile

il est plus facile de faire confiance à des individus
qui reconnaissent
avoir commis une erreur
et n'ont pas peur de s'excuser

c'est le signe qu'ils sont
suffisamment humbles pour s'ouvrir
à la croissance intérieure

un nouveau départ se prend avec le pardon
et la confiance s'approfondit considérablement quand
ce nouveau comportement devient une habitude

ni l'un ni l'autre ne savions
comment gérer le conflit
sans l'aggraver

nous ne voulions jamais nous disputer,
mais nous le faisions régulièrement,
parce que c'est ce que les cœurs font
quand ils débordent de vieilles douleurs

nous ne pensions pas les choses que nous disions ;
elles reflétaient juste l'incendie
qui se propage quand deux êtres imparfaits
rivalisent pour gagner

combien de relations amoureuses auraient
tourné autrement si l'objectif n'avait pas
été de trouver seulement une harmonie dans le couple,
mais aussi une harmonie avec soi-même ?

nous nous demandons parfois pourquoi nous mettons tant de temps à changer et à nous guérir, et pourquoi le même type d'émotions pesantes ressurgit sans cesse. nous ne réalisons pas à quelle vitesse nous avons accumulé des schémas tout au long de notre vie, notamment dans les moments d'émotion intense. après des années passées à répéter les mêmes comportements, il faut du temps pour changer et adopter de nouvelles réponses à la vie. combien de fois avons-nous éprouvé de la colère, de la tristesse, de la frustration, de l'anxiété, et d'autres choses encore ? nous rappeler ce cycle répétitif nous aide à garder patience alors que nous poursuivons le processus de délestage de ce qui a fait son temps, nous libérant de résidus du passé durant nos moments de guérison profonde.

l'une des qualités les plus importantes
à développer dans la vie est la détermination.

à un moment donné tu dois juste
mettre le holà et dire,

« je vais aller dans cette
nouvelle direction et rien
ni personne ne m'en empêchera. »

les grandes transformations ont besoin d'un début.

une véritable conversation
dénuée de projection
et de fanfaronnade de l'ego
est un don rare

la plupart des gens ne parlent pas pour écouter ;
ils parlent pour être entendus

la conscience de soi, l'altruisme
et un réel désir d'écouter
sont nécessaires à un échange
authentique et honnête

si les malentendus et les conflits se produisent, c'est parce que nous ne construisons pas de pont de compréhension. souvent, dans les conversations très animées, nous sommes incapables de dépasser notre propre point de vue, nos émotions personnelles et notre ego. cela limite notre capacité à entrer en empathie avec l'expérience de l'autre, ce qui est une condition préalable à l'harmonie issue de la compréhension. l'un des plus grands cadeaux que nous puissions nous offrir les uns aux autres est l'*écoute altruiste*, qui consiste à écouter la vérité de notre interlocuteur sans y projeter notre propre émotion ou notre propre histoire – c'est-à-dire à recevoir le point de vue de l'autre dans un état d'acceptation totale.

dans des moments privilégiés, à tour de rôle, nous sommes capables de nous percevoir les uns les autres en profondeur. nous dépassons alors le simple échange pour *accueillir* l'autre le temps qu'il révèle sa vérité. c'est un niveau d'écoute supérieur qui consiste à servir d'auditoire empathique à cette personne sans l'interrompre ni ajouter notre propre point de vue. quand nous nous accueillons mutuellement, les cœurs s'ouvrent, la vérité est prête à se dire et les vieilles tensions ressurgissent de manière à être vues et tenues, non seulement par la personne qui parle, mais aussi par celles qui écoutent. honorer collectivement la vérité de chacun peut être incroyablement thérapeutique.

j'ai confiance et je me sens comme chez moi avec ceux
qui n'ont pas peur d'être fragiles face à eux-mêmes,
qui vivent en faisant confiance à leur puissance
et à leur bienveillance,
qui font de leur mieux pour vivre sans nuire aux autres,
qui prennent au sérieux leur évolution et leur guérison,
et qui ont l'humilité de dire «je ne sais pas».

ne pas avoir la réponse est parfaitement compréhensible

l'un des actes les plus courageux
que tu puisses accomplir
est d'embrasser résolument l'inconnu,
d'accepter ta peur,
et de continuer d'avancer

une mission claire
n'a pas toujours de chemin tout tracé

combien de fois
ton esprit s’est-il emparé
d’une petite
information incertaine
et a-t-il brodé autour une histoire qui
finit par consumer tes pensées ?

l'esprit a tendance à se protéger, mais une attitude défensive est facilement source d'anxiété.
par prudence, nous fixons notre attention sur des informations incertaines et créons des histoires susceptibles d'engendrer une peur et une tension mentale inutiles. prendre un moment pour observer l'instant où nous tirons des conclusions hâtives peut nous épargner inquiétude et souffrance.

grâce à une prise de conscience, nous pouvons identifier à quel moment nous commençons à trop réfléchir. le simple fait de détourner notre conscience de l'encombrement mental des pensées fantaisistes pour l'orienter vers l'instant présent peut préserver notre énergie et diminuer la friction psychique que nous éprouvons.

autrement dit, il n'y a rien de mal à se protéger, mais il est utile d'observer selon quelle fréquence nous adoptons une attitude défensive. si nous sommes constamment sur nos gardes, nul doute que nous allons à l'encontre de notre paix intérieure.

nous sommes trop nombreux à projeter notre ancien conditionnement sur des situations nouvelles. les réactions sont rapides et fondées sur des perceptions passées ; elles rendent difficile le traitement impartial et objectif de ce qui se passe au moment présent. si tu veux voir les choses clairement, utilise ta conscience de toi-même pour mettre délibérément le passé de côté et adopter un point de vue neuf. réorienter ton attention préserve ton énergie.

avoir conscience de toi-même consiste à observer
le rythme de tes pensées

à sentir quand elles sont claires
et quand elles sont désynchronisées

à savoir quand les prendre au sérieux
et quand les laisser s'évanouir

toutes les pensées ne sont pas valables ;
la plupart ne sont que les échos de
réactions émotionnelles impulsives

la véritable maturité consiste à observer tes propres
remous intérieurs et à marquer un temps d'arrêt avant
de projeter ton ressenti sur
ce qui se passe autour de toi

lorsque tu désapprouves les agissements de quelqu'un
et que tu fulmines intérieurement contre lui,
tu ne crées pas seulement un poids supplémentaire en toi ;
tu renforces aussi des réactions de colère à venir.
progresser, c'est réaliser que focaliser ton attention sur
ce qui s'est produit ne peut pas changer le passé,
mais que la sérénité mentale peut bel et bien influencer
positivement ton avenir.

tu as parfois besoin de bouger lentement
pour pouvoir ensuite bouger puissamment

le monde moderne va si vite
que tu ressens une pression à tenir le rythme

mettre de côté ce que les autres font
et faire les choses à ton rythme naturel
va t'aider à prendre de meilleures décisions
et accroître ta paix intérieure

demande-toi :

est-ce ce que j'éprouve réellement, ou
est-ce mon histoire émotionnelle
qui tente de recréer le passé ?

à mesure que notre conscience de nous-mêmes s'approfondit, nous commençons à comprendre que l'essentiel de ce que nous sommes et de notre vision du monde résulte de l'accumulation de réactions émotionnelles passées. ces moments d'émotion intense restent gravés dans l'inconscient et nous prédisposent à répéter certains comportements.

les mouvements rapides de l'esprit sont si subtils que nous avons l'impression d'être les auteurs de notre sort actuel. en réalité, le passé est constamment en train de pénétrer en force dans le présent, nous incitant à réitérer des émotions et des pensées anciennes. l'insistance de notre passé mental nous laisse peu de place pour décider par nous-mêmes ce que nous voulons réellement penser et éprouver. le passé ne tient pas compte de la vraie réalité des choses.

les schémas peuvent être libérés de la même manière qu'ils s'accumulent. il est possible de lâcher prise, mais il faut du courage, des efforts, une technique de guérison efficace et une pratique régulière. l'esprit est infiniment vaste ; il faut du temps pour défaire les vieux schémas qui recréent le passé. à mesure que nous développons notre conscience de nous-mêmes et notre sérénité d'esprit, les histoires et les schémas incrustés dans notre inconscient remontent pour être libérés.

en voyageant à l'intérieur de nous-mêmes, il se peut que nous rencontrions une couche particulièrement dure et cristallisée de notre esprit, un sédiment de conditionnement qui a été abondamment renforcé. lorsque nous nous débarrassons de ces couches internes durcies, nous ressentons souvent l'impact de leur libération dans notre vie personnelle : les tempêtes d'hier ou la lourdeur de moments passés remontent à la surface. en nous ouvrant au déconditionnement, nous pouvons avoir l'impression d'être au bord du tourbillon et de la dissonance. la véritable évolution consiste à reconnaître ces moments et à nous traiter avec bienveillance le temps que l'orage passe.

si tu veux percevoir tes schémas cachés, tu dois développer délibérément la conscience de toi-même. mets en doute ta perception, construis un dialogue intérieur bienveillant et sincère, creuse plus profondément la nature de tes véritables motivations et aie l'humilité de savoir que tu peux apprendre davantage. la conscience de soi alliée à l'action ouvre la porte du vrai changement.

la sagesse est d'accepter qu'il y ait
des choses que tu ne peux pas forcer :

les individus changent quand ils sont prêts

la créativité évolue à son propre rythme

la guérison n'est pas limitée dans le temps

l'amour s'épanouit quand les choses trouvent leur ordre

défaire

le temps ne guérit pas toutes les blessures ; il leur donne juste l'espace dont elles ont besoin pour s'enfoncer dans l'inconscient, où elles continuent à impacter tes émotions et ton comportement. ce qui guérit, c'est de revenir à toi-même, de t'aimer, de t'accepter, d'écouter tes besoins, de regarder en face tes attachements et ton histoire émotionnelle, d'apprendre à lâcher prise et de suivre ton intuition.

nous avons parfois l'impression que le temps nous a aidés à guérir, mais ce qu'il a fait réellement, c'est de nous apprendre à vivre avec la blessure. ce n'est pas parce que nous avons cessé de penser au traumatisme du passé qu'il est complètement guéri. le passage du temps permet à ce qui est d'abord conscient de s'enfoncer plus profondément, jusqu'à l'inconscient où il devient un levier silencieux mais puissant qui nous oblige à adopter un certain comportement. enfoui sous nos pensées conscientes demeure l'impact d'un passé nocif.

guérir nécessite d'aller à l'intérieur de soi avec patience, honnêteté et courage. si nous ne nous attaquons pas aux schémas inconscients que nous avons accumulés, ils vont simplement rester là, continuant à influencer nos pensées, nos paroles et nos actes. nos blessures et nos conditionnements emmagasinés vont restreindre notre adaptabilité et nous enfermer dans une boucle de répétition du passé.

la rupture n'est pas toujours une triste fin ;
parfois elle met en mouvement une transformation profonde.
elle peut ouvrir la porte à un véritable amour de toi-même,
à une plus grande maturité émotionnelle et à une meilleure connaissance
du type de partenaire réellement capable de t'accompagner vers ton bonheur.

lâcher prise ne signifie pas baisser les bras ni te désintéresser de la question. cela signifie simplement que tu libères les attachements du passé qui font obstacle à ton bonheur et à ta clarté d'esprit. lâcher prise, c'est défaire et démêler de vieux schémas comportementaux qui te plongent dans une tension mentale et une inquiétude inutiles. quand tu parviens à accepter ce qui s'est passé autrement que prévu, la vie recommence. faire la paix avec le passé t'ouvre à l'amour et à l'inconnu, et te permet d'appliquer les leçons apprises avec une nouvelle sérénité.

beaucoup d'entre nous ne réalisent pas
à quel point ils souffrent vraiment
jusqu'à ce que leur conscience commence à s'élargir

nous ne voyons pas que notre bonheur a un plafond
créé par les chagrins et les traumatismes
que nous avons régulièrement étouffés

nous ne réalisons pas que nos réactions aux difficultés
de la vie
nous empêchent de voir les choses clairement et
limitent
notre capacité à produire des solutions plus créatives

nous ne comprenons pas avec quelle force notre
passé agrippe notre présent

une grande part de notre combat intérieur vient d'un refus d'accueillir le changement. la tension diminue quand nous comprenons que le changement s'opère à tous les niveaux – atomique, biologique, mental. un être humain est constitué de pièces mobiles, et notre identité aussi. c'est un phénomène dynamique, similaire à un cours d'eau – il s'écoule, il est en mouvement, il s'étend, il rugit, il serpente, toujours avec force et le pouvoir de se transformer. ne te limite pas à une compréhension statique de qui tu es. libère tes limites conditionnées et sois libre.

puissent toutes les fois où l'on
s'est trompé sur toi
activer en toi un nouveau sentiment d'humilité
et une nouvelle patience
qui t'évitera de reproduire à l'avenir
la même erreur sur quelqu'un d'autre

demande-toi :

la connexion est-elle réelle s'il
n'y a pas d'espace pour être vulnérable ?

la profondeur de nos relations se définit par le degré de liberté avec lequel nous pensons pouvoir transmettre notre message authentique. les liens les plus profonds sont maintenus par un pont d'honnêteté. l'amour véritable réserve un espace à la vulnérabilité, un endroit où nous pouvons être ouverts, à l'état brut, et même partager des parties de nous-mêmes encore inachevées mais prêtes à être exprimées.

que nous l'éprouvions à l'intérieur de nous-mêmes ou devant quelqu'un de proche, la vulnérabilité réclame une acceptation sans jugement de nos imperfections. c'est une forme de compassion qui peut nous aider à observer notre histoire sous une lumière différente et, avec un peu de chance, à transformer ce qui nous pesait jadis en une compréhension plus éclairée. cette forme de compassion peut aussi nous permettre d'accepter les choses telles qu'elles sont sans essayer de les changer. la vulnérabilité ne demande parfois qu'à être perçue et entendue.

si nous sommes éloignés de notre être, si nous manquons d'honnêteté envers nous-mêmes, et si nous sommes remplis d'émotions et de conditionnements que nous n'avons pas examinés, nous aurons naturellement du mal à être proches des autres.

il devient plus facile d'apporter un soutien bienveillant
après avoir pris le temps d'explorer notre propre
monde intérieur et de nous débarrasser des schémas
inconscients qui ne concordent pas avec l'image que
nous voulons donner de nous-mêmes.

as-tu remarqué que quand
tu ressens le besoin de changer
l'autre, ce que tu veux réellement c'est
qu'il se comporte davantage comme toi ?

tu ne peux pas établir une connexion profonde avec quelqu'un qui est déconnecté de lui-même.

quand nous avons l'habitude d'ignorer notre ressenti ou de fuir les aspects difficiles de notre personnalité, nous créons une distance, non seulement entre les différentes parties de nous, mais aussi entre les autres et nous. refuser d'accueillir pleinement tout ce que nous sommes peut rendre nos interactions sociales superficielles. même si nous avons le désir de nous connecter profondément à l'autre, cette connexion va rencontrer des limites – celles de notre propre relation à nous-mêmes. notre degré de conscience de qui nous sommes va se refléter plus ou moins fortement sur toute personne qui croisera notre chemin.

si nous sommes capables d'observer nos émotions les bras grands ouverts par la compassion, il nous sera beaucoup plus facile d'être présents pour les autres et de les soutenir quand ils traverseront des difficultés personnelles. si nous sommes aptes à accueillir sans réserve notre propre complexité, nous aurons la patience d'en apprendre davantage sur les personnes les plus proches de nous. si nous avons l'expérience de regarder en face nos dures vérités sur nous-mêmes et d'être présents au travers des vicissitudes de notre propre vie, nous aurons le courage émotionnel de gérer avec sagesse les moments difficiles d'une relation sans fuir sur-le-champ.

il n'y a pas d'autre moyen d'accéder à une vie d'épanouissement, de bonheur et de connexions intenses que de parcourir soigneusement les royaumes de notre propre cœur et de notre propre esprit. les zones demeurées inexplorées peuvent créer une tension à l'intérieur de nous, ou entre nous et les personnes que nous aimons. tout ce qui reste dans l'ombre risque de se manifester sous forme de blocages entravant la libre circulation de l'harmonie.

si nous sommes habitués à nous observer droit dans les yeux et à pratiquer l'acceptation quand des remous intérieurs viennent attirer notre attention sur une partie inexplorée ou mal aimée de nous-mêmes, les moments de friction intérieure ou de tension avec les autres ne se transformeront pas en blocages. au contraire, ces moments difficiles deviendront un terreau fertile pour approfondir notre connexion à l'autre et mieux définir nos engagements. autrement dit, faire l'effort de nous connaître nous-mêmes ne peut que nous aider à mieux connaître les autres. l'amour de soi est indispensable pour bien vivre.

quand tu ressens une agitation intérieure parce que quelqu'un que tu aimes n'évolue pas assez vite selon toi, rappelle-toi que tu as dû avancer doucement au départ avant de pouvoir réellement progresser. gérer tes attentes et savoir que les individus évoluent à leur propre rythme t'évitera de troubler ta paix intérieure.

l'attachement n'est pas :

d'avoir des désirs, des objectifs
ou des préférences personnelles

l'attachement est :

la tension mentale que tu ressens quand tu n'obtiens pas
exactement ce que tu désires de manière compulsive ;
c'est refuser d'accepter le changement ou de lâcher
le contrôle

quand le désir s'allie à une tension, il se transforme en besoin compulsif. l'attachement s'empare de toi quand tu commences à ressentir le besoin impérieux que les choses soient ainsi et pas autrement. le désir compulsif est une forme de désir extrême qui s'attache rapidement à différents affects ou émotions, ainsi qu'aux objets, situations ou personnes qui suscitent ces émotions ou ces sentiments. l'attachement s'exprime aussi quand tu tentes de mettre en place des restrictions sur les mouvements naturels et inattendus de la réalité. c'est une forme plus intense du désir de contrôle.

comme le bouddha le souligne dans ses enseignements, le désir insatiable engendre naturellement de l'attachement. cette forme dense qui nous pousse à nous agripper à l'objet de notre désir, non seulement provoque une grande lutte intérieure, beaucoup de tension mentale et une forte insatisfaction, mais trouble aussi notre faculté à observer objectivement ce qui se passe à l'intérieur et à l'extérieur de nous.

vouloir et désirer de manière compulsive ne sont pas la même chose. vouloir simplement est une aspiration naturelle qui focalise notre énergie. alors que le désir compulsif est une intensification du vouloir qui s'accompagne de tension et de stress. et le stress s'aggrave quand nous ne réussissons pas à atteindre l'objet de notre désir.

le désir compulsif est la source par excellence de notre lutte intérieure et de notre insatisfaction. même quand nos attachements parviennent à façonner la réalité souhaitée, nous nous retrouvons insatisfaits parce que le besoin compulsif est un gouffre sans fond. une fois que la sensation recherchée est passée, le mental replonge dans un besoin encore plus impérieux parce que c'est ce qu'il connaît le mieux.

il est important de noter la différence majeure entre le désir compulsif et la poursuite d'objectifs ou le simple fait d'avoir des préférences. il est possible d'avoir des aspirations fortes sans le stress indissociable du besoin compulsif et de l'attachement. il est bon et sain de poursuivre nos buts, mais il est préférable de le faire avec sagesse et d'une façon qui ne fait pas dépendre notre bonheur de nos réalisations futures.

nous savons que quand nous éprouvons une préférence ou un simple désir, notre bonheur ne dépend pas fondamentalement de sa satisfaction ou de sa non-satisfaction. nous savons que c'est une préférence quand les choses ne se passent pas comme nous l'aurions souhaité et que nous acceptons cette réalité sans trop en souffrir ; quand notre désir compulsif n'est pas satisfait, nous savons que c'est un attachement parce que nous éprouvons de la tension mentale, de la souffrance et de la détresse.

parfois la fin est soudaine
et tu restes sans pouvoir clore le chapitre,
le cœur brisé, démuni devant
un changement aussi brutal

pendant un moment, tu vis avec un esprit
mi-présent mi-rempli de regrets,
te demandant « et si ? »

pendant un moment, ton cœur n'éprouve que du
chagrin et ton esprit ne voit que du gris

et puis la vie commence à vouloir te remettre
sur la scène de tous les possibles ;
elle te rappelle que tout n'est pas perdu
et que même si un chapitre s'est clos,
il y a encore une plus longue histoire à raconter

avec le temps et l'intention,
les blessures perdent leur lourdeur,
la guérison remplit les parties meurtries de ton être,
et tu réveilles la lumière de l'amour à l'intérieur de toi

le moment venu, tu retourneras pleinement dans l'ici et
maintenant si précieux
le cœur revigoré et prêt à repartir

combien de fois tout a-t-il fini
par s'effondrer, te laissant avec l'impression
que c'était la fin du monde ?

et, maintenant,
combien de fois
après tes périodes de deuil

as-tu remonté la pente,
accueilli la puissance de ta détermination,
et avancé vers une nouvelle vie ?

les vieux schémas ne cèdent pas aisément. ils tentent de continuer à t'entraîner dans des réactions qui te font répéter le passé. mais le moment venu, si tu ne les as pas nourris pendant quelque temps et si tu as exercé régulièrement ta capacité à différer ta réaction, ils s'affaiblissent et deviennent plus faciles à évacuer. ils peuvent continuer d'apparaître en option de temps en temps, mais sans avoir la même force qu'auparavant. c'est le tournant, le virage qui change tout, le bond en avant que tu attendais, la victoire quand il t'apparaît clairement que tu as dépassé le passé pour intégrer une nouvelle vie dans laquelle tu as suffisamment mûri pour vouloir vraiment être toi-même.

apprendre à respirer
et être o.k.
quand mon esprit
est sombre et gris

accepter
ce moment passager
sans répression
ni peur durable

savoir que
les nuages qui me traversent
ne définissent pas qui je suis
ni qui je serai

apprendre l'art du lâcher-prise
est la compétence que mon esprit
a toujours recherchée

maintenant je vois que je suis un cours d'eau
qui change sans cesse
tout en se dirigeant doucement
vers la liberté totale

ils lui demandèrent,

« qu'est-ce que le vrai bonheur ? »

elle répondit,

« le bonheur, ce n'est pas de s'adonner à tous les plaisirs ni d'obtenir tout ce que l'on désire. le bonheur, c'est d'être capable de jouir de la vie avec un esprit paisible qui n'en demande pas toujours plus. c'est la paix intérieure qui accompagne l'accueil du changement. »

(être)

nous désirons souvent que notre vie change, mais rejetons les changements qui se produisent spontanément. c'est le meilleur moyen de nourrir une souffrance. un esprit rempli d'attachements éprouve le besoin compulsif de satisfaire ses désirs et tente de modeler le monde sur ses attentes.

quand nous sommes contrôlés par nos attachements, non seulement nous perdons notre tranquillité d'esprit, mais nous ratons aussi l'occasion de jouir du déroulement naturel de la vie. d'ailleurs, toutes les choses que nous aimons et apprécions doivent leur existence à un perpétuel changement. sans lui, la vie elle-même serait impossible.

le véritable bonheur surgit quand nous sommes capables de nous aimer nous-mêmes et d'aimer le monde tout en accueillant et en appréciant le changement. ce n'est pas pour autant que nous devons vivre comme des rochers et laisser le fleuve du changement couler autour de nous. l'amour nous incite naturellement à vouloir façonner le monde de manière à accroître encore l'amour, mais la sagesse nous enseigne aussi que nous ne devons pas nous attacher aux choses telles qu'elles sont parce que le changement est incontournable.

être o.k. de ne pas être o.k.
n'améliore pas
forcément les choses,

mais t'empêche
de rajouter de la tension
à une situation déjà difficile

être o.k. de ne pas être o.k.
t'aide à lâcher prise

les affects difficiles et les pensées agitées ne peuvent pas prendre le contrôle de ta vie si tu les accueilles l'esprit calme et en toute simplicité. parfois ces vieilles empreintes apportent avec elles des émotions viscérales, des sentiments abrupts qui, jusqu'alors verrouillés, trouvent soudain l'espace dont ils ont besoin pour ressurgir momentanément et s'évanouir. une part importante du lâcher-prise consiste à ressentir sans renforcer – tu peux être honnête avec toi-même face aux émotions lourdes qui émergent, mais choisir de ne pas les mettre en scène ni les aggraver. si tu rencontres les parties difficiles de toi-même avec bienveillance, elles vont se dissiper, te laissant plus léger et te donnant davantage d'espace pour agir avec sagesse. tout ce que tu dois faire, c'est d'être o.k. de ne pas être o.k. durant les moments de tension qui accompagnent toute libération.

rejette l'idée que tu dois
mettre ta vie entre parenthèses tant que tu n'es pas
complètement guéri ;
c'est une autre façon d'être attaché
à la perfection. tu progresses quand tu
prends de meilleures décisions en vivant pleinement.
tu peux guérir ton passé
tout en restant ouvert au présent.

combien de fois as-tu été
incapable de profiter pleinement d'un moment
unique parce que tu ne pouvais pas t'empêcher
de penser à ce qui manquait ?

quand tu es dans une situation inévitable
et frustrante, considère ton énergie mentale
comme une ressource précieuse. au lieu d'alimenter
ta frustration par une agitation encore plus forte qui
ne fera que perturber et épuiser encore davantage
ton esprit, dis-toi que le changement finira
par effacer tout cela.

beaucoup de nos réactions émotionnelles n'ont
rien à voir avec ce qui est en train de se passer.
ce sont en réalité des émotions anciennes qui se
sont accumulées dans le passé – des schémas qui
ressurgissent avec la réapparition
de situations familières.

l'esprit s'efforce de voir le monde sous un angle qui confirme son conditionnement. nous catégorisons et comprenons ce qui se déroule dans le présent à travers sa similitude avec le passé – cela crée un système de répétition qui renforce les vieux schémas. les nouveaux événements ne sont généralement pas perçus en toute clarté, parce que leur similitude avec des situations passées déclenche d'anciennes réactions émotionnelles qui obscurcissent rapidement la faculté de l'esprit d'observer objectivement ce qui se passe. nous percevons le présent et, en même temps, ressentons dans notre chair tout notre passé.

quand le traumatisme devient une partie de ton identité, il est plus difficile à guérir. les récits qui définissent ton image de toi-même ont besoin d'espace pour changer. il est important de reconnaître ton passé, mais aussi d'œuvrer à défaire les vieux schémas pour pouvoir les dépasser. autoriser ton sentiment d'identité à rester fluide va favoriser ton bonheur. le changement est toujours en train d'opérer, particulièrement à l'intérieur de toi.

les attentes causent une grande souffrance individuelle. nous nous créons sans cesse des scénarios, imaginant comment nous voudrions que les choses soient et que notre entourage agisse. ces scénarios entraînent immanquablement des déceptions, parce que les histoires que nous avons terriblement besoin de nous raconter sont souvent brisées, ruinées par des attentes irréalistes, des situations dont nous n'avons pas le contrôle et le caractère aléatoire du monde extérieur.

nous oublions que ce qui unit tous les êtres humains est leur ignorance et leur marge d'amélioration. nous portons tous des conditionnements qui obscurcissent notre vision. notre passage sur terre est l'occasion de surmonter des barrières mentales telles que nos attentes implacables et notre désir de tout contrôler – limites intérieures qui nous empêchent d'atteindre une liberté totale et un bonheur complet.

durant tout ce travail d'observation de notre monde intérieur, les autres n'ont pas à attendre de nous la perfection, et réciproquement, surtout quand le mot « perfection » sous-entend la capacité des autres à satisfaire tous nos désirs. dans un monde rempli d'individus imparfaits, la patience et le pardon deviennent essentiels.

il est plus facile de te débarrasser
de l'opinion d'autrui sur toi

quand tu comprends
que les autres te voient à travers
le filtre de leur conditionnement passé
et de leur état émotionnel du moment

sans s'en rendre compte,
ils se voient d'abord eux-mêmes,
et à travers ce prisme se font
une image imprécise de toi

il y a des moments où tu
as l'impression qu'une grande part de ce que tu as
compris n'a plus de sens.

tu peux alors avoir l'impression
d'avoir régressé, mais c'est en réalité
le signe que tu es en train d'ouvrir un nouvel espace à
une sagesse plus profonde et une perception plus large.

au moment où ce que tu as compris précédemment se
désintègre,
il n'est pas toujours remplacé aussitôt par un savoir
meilleur ou plus approfondi. quand tu prends ton
évolution au sérieux, tu te retrouves souvent dans
cet état intermédiaire ; il est acceptable de vivre sans
réponses claires.

la croissance intérieure ne consiste pas à forcer la
compréhension ;
elle consiste à lui permettre d'évoluer naturellement.

(mue et expansion)

à mesure que tu élimines les anciens programmes et
que ta vision des choses s'élargit, ce que tu aimais
autrefois peut changer et des situations jadis
sources de tension peuvent ne plus te perturber.
à mesure que ton esprit gagne en clarté et en légèreté, le
monde te paraît plus neuf. les périodes d'intégration,
durant lesquelles tu reprends ton travail de
connaissance de toi-même, sont
tout aussi importantes que les grands bonds en avant.

le monde est un gigantesque réservoir de vibrations en
mouvement,
de vagues d'énergie émises par tous les êtres.
quand nous cultivons notre esprit,
nous purifions notre vibration personnelle.
nous nous réapproprions notre pouvoir en
ne cédant pas à ce qui circule autour de nous
et en permettant à ce qui est à l'intérieur de nous de
se manifester.
rappelle-toi, l'énergie que tu répètes le plus souvent
est celle avec laquelle tu te connecteras le plus
facilement.
ta vibration rayonne et influence
constamment ton environnement.

te réapproprier ton pouvoir
c'est repérer quand une histoire
fondée sur des suppositions
te provoque une tension mentale
et t'efforcer de revenir
à l'instant présent
pour couper court à tes délires

il ne s'agit pas de gérer tes
émotions ; il s'agit de gérer
tes réactions à tes émotions

nos réactions nous disent ce que notre esprit a assimilé de nos expériences passées. ce sont des schémas denses qui émergent des profondeurs de l'inconscient pour nous protéger. cette forme de défense ne repose pas sur la sagesse, mais sur la survie. quand nous commençons à élargir notre conscience de nous-mêmes, nous entrevoyons que dans les moments d'agitation intérieure, nous disposons d'options plus efficaces que la répétition de comportements automatiques dont les résultats limités annulent notre clarté et notre paix intérieure.

nous n'essayons pas de contrôler ou de gérer notre ressenti. nous essayons d'accepter nos changements d'humeur tandis que notre esprit slalome à travers le large spectre des émotions, passant de l'une à l'autre, séjournant plus de temps chez certaines que chez d'autres, mais parcourant toujours l'ensemble de l'expérience humaine.

nous réagissons immédiatement et inconsciemment aux émotions fortes. nos réactions ne se contentent pas de renforcer l'émotion que nous éprouvons ; elles s'impriment et s'accumulent dans l'inconscient, nous poussant à réagir à l'identique dans le futur.

nous sommes capables de gérer nos réactions, non pas en contrôlant notre ressenti, mais en introduisant de la conscience dans le processus. il est difficile de changer sans se voir soi-même. la lumière de la conscience est particulièrement utile lorsque notre réaction à une émotion passagère entreprend de détruire notre équilibre et notre clarté mentale. notre conscience éclaire l'obscurité et nous aide à considérer davantage d'options possibles et d'informations.

en nous rappelant que les émotions sont impermanentes, comme tout ce qui existe dans l'univers, il nous est plus facile de nous tenir au bord du fleuve de l'esprit humain et de regarder les choses s'écouler. la conscience de nous-mêmes nous aide à surmonter les réactions réflexes qui aggravent encore des situations déjà difficiles. sans elle, il est difficile de faire des choix différents de ceux du passé.

ta réaction initiale est en général ton passé
qui tente de s'imposer dans ton présent

apprends à connaître tes sources régénératrices :

la quantité de solitude dont tu as besoin pour te sentir
tout neuf

les activités qui renforcent ta créativité

les personnes qui illuminent ton esprit

l'amour qui nous unit

trois pensées :

les relations amoureuses ou amicales commencent généralement avec deux personnes désireuses de se faire mutuellement du bien. si elles se font du mal, c'est parce que l'une d'elles ne sait pas gérer correctement ses réactions à ses émotions. si tu penses que tu *es* tes émotions, alors tes paroles et tes actes seront à l'image de ton agitation mentale.

dans une relation, il est important de comprendre que l'autre ne peut pas résoudre tes propres problèmes émotionnels. au mieux il peut te soutenir tout au long de la découverte et du traitement de ta propre histoire émotionnelle.

il n'existe pas de relation parfaite, mais des relations formidables où la connexion et le soutien mutuels sont d'une profondeur indescriptible.

il te faut parfois plusieurs ruptures
pour développer une indépendance
suffisante et saine. la rupture sentimentale te montre
que ton estime personnelle et ta plénitude ne doivent
pas dépendre des paroles ou de l'amour des autres.
utilise la blessure comme une carte routière qui te mène
à l'intérieur de toi pour poursuivre ta guérison
et allumer ton amour de toi-même.

rejette l'idée que tu dois être complètement guéri pour être dans une relation d'amour avec un partenaire de qualité. en général deux personnes qui se rencontrent portent en elles de nombreux problèmes non résolus parce que la guérison prend du temps, tout simplement. les couples qui resplendissent d'harmonie sont ceux qui s'engagent à guérir et à évoluer ensemble.

les relations épanouissantes
sont comme un sanctuaire
au sein duquel tu peux apporter ta vulnérabilité
en toute sécurité
et où tu reçois amour et attention en abondance

un havre
qui encourage à égalité
le repos et la croissance intérieure
loin de tout jugement
puisque vous cherchez tous les deux à évoluer

une union
vide de contrôle
mais remplie de
compréhension mutuelle

il est facile de causer de la tension et de faire du mal sans le vouloir dans une relation quand tu ne te connais pas toi-même et que tu as passé peu de temps à te confronter à ta souffrance passée. combien de relations ont ployé sous le poids de traumatismes non traités, de schémas malsains et de réactions incontrôlées ?

l'une des choses les plus dures à vivre
dans une relation où les deux partenaires
sont ouverts à la croissance intérieure
c'est quand ton partenaire découvre
une couche épaisse de vieux conditionnements ou
d'anciens traumatismes
qu'il doit travailler à surmonter

tu le vois se débattre et affronter la tempête
mais tu ne peux pas résoudre le problème à sa place

tout ce que tu peux faire, c'est l'accueillir et
être prêt à le soutenir avec amour

qualités d'une bonne relation :

écoute altruiste
communication sereine
accueil mutuel
confiance solide, nul besoin de contrôle
authenticité, nul besoin de jouer un rôle
repos, rires et loisirs partagés
l'amour qui vous unit est dynamisant
vos engagements mutuels sont clairs
souplesse, nul besoin d'être toujours ensemble
vous avez tous deux l'espace nécessaire pour évoluer et changer

qualités d'un bon ami :

il se sent comme chez lui
il est honnête avec toi
il te rappelle le pouvoir qui est le tien
il t'épaule dans ta guérison
sa présence est revigorante
il croit en ta réussite
il te soutient dans de nouvelles aventures
il te remonte le moral avec sa joie et ses rires
il fait ressortir le meilleur de toi-même

quand on s'y sent comme chez soi, les amitiés sont naturellement désarmantes. elles nous rappellent que nous pouvons arrêter de jouer un rôle et nous montrer dans notre authenticité. les liens les plus profonds sont des espaces où la vulnérabilité est la bienvenue. les belles amitiés manifestent une réciprocité. quand l'une des deux personnes rencontre des difficultés, l'autre est prête à l'accueillir, à l'écouter sans porter de jugement, le cœur pétri d'empathie. les véritables amitiés renferment un lien au-delà de toute rivalité. nous accueillons la victoire d'un ami comme si c'était la nôtre. la vraie joie bienveillante – celle que nous éprouvons face au succès de l'autre – est l'absence de jalousie.

les amis qui sont comme ta famille sont rares.
quand tu es avec eux, une étincelle intemporelle
allume le chemin vers la joie, l'apprentissage partagé
et la régénération. chacun cherche à soutenir
le bonheur de l'autre et se réjouit
naturellement de ses succès.

rejette l'idée que tu dois
trouver un partenaire parfait ou un ami sans défauts.
tout le monde est imparfait. ce qui est possible,
c'est de te lier avec quelqu'un qui accomplit
son propre travail intérieur. il saura davantage
pratiquer l'authenticité, l'accueil,
la croissance intérieure et la conscience de lui-même.

honnêteté
+
lien naturel
+
rires et joie
+
soutien mutuel sincère
+
échanges revigorants
+
communication authentique

=

amitiés stimulantes

certaines des plus grosses épreuves de la vie
surviennent quand des difficultés surgissent dans ton
cercle le plus proche, quand des membres de ta famille
ou des amis qui te sont chers traversent une crise sur
laquelle tu n'as aucun contrôle, quand tu ne peux rien
faire de plus que de te montrer à la hauteur en écoutant
leurs paroles et en rayonnant l'amour que tu leur portes.
bien que ce ne soit pas à toi de décider de la façon
dont les choses vont évoluer, tu peux les soutenir, les
réconforter, et leur rappeler que ton amour pour eux est
sincère et demeurera intact.

certaines relations ne commencent pas
harmonieusement. il existe une attraction indéniable qui
rapproche deux êtres, mais aussi
une distance entre eux créée par leurs
cœurs encore non guéris. cet espace
rempli par l'inconnu et l'invisible entraîne
une mauvaise communication, des frictions,
et parfois même des souffrances involontaires.
comment pourraient-ils se faire mutuellement du bien
alors que chacun demeure un mystère pour lui-même ?
le changement s'opère quand ils s'engagent tous les
deux à se tourner vers l'intérieur de leur être pour
guérir et savoir qui ils sont. naturellement, cela
les rapproche, et accroît l'amour qu'ils se portent et le
soutien qu'ils s'apportent.

le conflit s'aggrave quand deux personnes
entrent dans des réactions défensives.
il n'y a alors plus de véritable communication,
mais uniquement un traumatisme qui affronte un autre
traumatisme.

pour instaurer une vraie communication, toutes les projections doivent cesser. deux personnes ne peuvent pas se percevoir clairement et trouver un terrain d'entente si elles pensent et parlent toutes les deux à travers d'épais nuages émotionnels. si tant de relations amoureuses et amicales se brisent, c'est parce que nous n'avons pas les outils ni la maturité émotionnelle nécessaires pour voir au-delà de nos réactions défensives. dès l'instant où nous repérons notre propre attitude de défense, marquons un temps d'arrêt et entrons dans un espace de pensée plus clair, nous avons l'opportunité de résoudre vraiment le conflit. sans vulnérabilité, patience et conscience de soi des deux côtés, une réconciliation est impossible.

sans écoute, sans honnêteté et sans espace pour exprimer sa vulnérabilité en toute sécurité, il n'y a pas d'échange. quand nous élevons délibérément le niveau de communication, il ne s'agit plus de dire à quelqu'un ce que nous pensons de lui, mais d'expliquer clairement notre propre point de vue et notre ressenti. nous pouvons certainement partager des moyens de mieux nous soutenir mutuellement, mais nous devons commencer par accepter la vérité de chacun et partir de là. le soutien que nous demandons ne peut pas être contraignant ; notre partenaire doit s'y engager volontairement pour que l'union soit saine.

la loyauté aveugle ne nourrit personne

soutenir dans leur ignorance les personnes que tu aimes,
ou pire, supporter continuellement le mal qu'elles te
font, est un acte grave de trahison de toi-même

quand tu vois les êtres qui te sont chers commettre
des erreurs ou s'enfoncer plus profondément dans
l'obscurité,
ne les suis pas juste en vertu
d'un lien qui vous unit depuis longtemps

inutile de sombrer ensemble
inutile de brûler ensemble
inutile de vous effondrer ensemble

même si cela peut être difficile,
tu dois parfois écouter
ton sens du bien-être le plus profond
et suivre ton propre chemin pour
préserver ce qui est bon en toi

la maturité dans une relation est de ne pas s'attendre
à être tout le temps sur la même longueur d'onde.
les partenaires ne vont pas toujours se sentir bien au
même moment. l'un peut avoir besoin de plus de repos,
réclamer davantage de temps pour guérir, ou prendre
plus facilement de nouvelles habitudes que l'autre. les
individus évoluent,
apprennent et avancent à des vitesses différentes.

ils lui demandèrent,

« qu'est-ce qui fait s'épanouir une relation ? »

elle répondit,

« deux êtres qui cherchent à se connaître, à s'aimer et à se guérir eux-mêmes en tant qu'individus formeront un couple harmonieux. le contrôle crée de la tension, mais la confiance laisse de l'espace à l'individualité et autorise la vulnérabilité. une communication sereine, des engagements clairs et la volonté de contribuer chacun au bonheur de l'autre renforcent l'union. »

(un couple vibrant)

l’amour se régénère
quand chacun des partenaires
demande de temps en temps à l’autre,

« comment puis-je mieux
contribuer à ton bonheur ? »

un partenaire qui soutient ta puissance est d'une valeur
inestimable ;
quelqu'un qui apprécie tes opinions,
a foi en tes rêves et sait que tu es capable
d'accomplir de grandes choses. il reconnaît que tu es
un individu complet, mais il est prêt à venir compléter
ta vie avec son amour et son dévouement. ensemble,
vous vous partagez la responsabilité du leadership. avec
une honnêteté non dénuée de tact et une communication
ouverte, vous faites souvent le point pour vérifier que
vous vous comprenez pleinement et faites de votre
mieux pour renforcer votre union.

une relation saine
c'est quand deux personnes sont à tour de rôle
celle qui est toujours là
quand l'autre traverse
un moment difficile

chacune est capable d'écouter et d'accueillir

chacune possède une conscience d'elle-même
suffisante pour faire le point avec elle-même
et éviter de projeter sur l'autre

trouve un partenaire qui n'a pas peur d'évoluer.
s'il est prêt à observer ses schémas,
à lâcher son vieux conditionnement et à élargir
sa vision des choses, alors il sera prêt à favoriser
une relation de couple dynamique. deux personnes qui
travaillent chacune à se connaître et à s'aimer elles-
mêmes vont naturellement approfondir leur
compréhension et leur amour mutuels. la croissance
intérieure passe par des hauts et des bas, mais elle est
aussi la clé d'une grande harmonie.

nous traversons le temps ensemble
nous tenant la main
tandis que le monde change
vivant dans l'amour
tandis que nous grandissons individuellement
nous rencontrant en milieu de vie
tandis que notre jeunesse cède la place à la maturité

aimer les autres
ne veut pas dire
les laisser te faire du mal

t'aimer toi-même et aimer les autres
inconditionnellement
est un équilibre entre
te protéger
et donner autour de toi

trouve un partenaire aussi engagé à
te soutenir dans les bons moments que dans les
moments difficiles de croissance intérieure et de
guérison. nous rencontrer dans nos êtres imparfaits peut
être un défi. l'imperfection provoque parfois un conflit
involontaire, surtout lorsque l'un des deux traverse
une période de turbulences intérieures. la patience,
une communication sereine et une écoute altruiste
permettent aux partenaires de sortir de la tempête. le
conflit s'apaise lorsque chacun regarde à l'intérieur de
lui pour s'attacher à développer sa propre conscience
de lui-même.

rejette l'idée que ton partenaire
peut faire ton bonheur. il peut être d'un grand
soutien, prendre soin de toi et t'apporter une foule
de bonnes choses, mais le bonheur
n'est durable que s'il vient de l'intérieur.
toi seul peux créer ta perception, ta guérison,
ton évolution et ta paix intérieure.

trouve un partenaire capable d'apprécier ta complexité. ton vieux conditionnement, tes schémas comportementaux, tes émotions changeantes, tes buts véritables et l'intuition qui te guide – ces différents éléments se combinent pour former qui tu es. quand tu te concentres sur la croissance intérieure et le lâcher-prise, tu dois défaire et laisser derrière toi de nombreuses couches. le véritable amour est de trouver une nouvelle harmonie qui suit votre évolution intérieure à tous les deux, de prendre le temps de faire le point et de créer un nouvel équilibre en adaptant vos préférences personnelles au stade où vous en êtes chacun.

le véritable amour n'est pas toujours glamour ;
il s'agit d'être là dans les moments importants
comme quand tu vis une journée difficile
et que ton partenaire est assis tranquillement
à côté de toi
à te tenir la main
à t'écouter attentivement pendant que tu lui exprimes
tes soucis
tes luttes intérieures
et tes plus beaux rêves

les relations de couple demandent du temps pour s'épanouir. certaines personnes s'attendent à une harmonie profonde immédiate, mais l'harmonie est impossible sans une connaissance approfondie des préférences, de l'histoire émotionnelle et des aspirations de chacun. plus vous apprenez l'un de l'autre, plus vous ajustez votre rythme ensemble. la communication contribue à canaliser votre amour dans une manière claire et bien à vous de favoriser mutuellement votre bonheur. la perfection est impossible, mais nul doute que vous pouvez construire une belle union où vous vous sentez tous les deux en sécurité, compris et aimés.

quand une dispute éclate
ton objectif doit être d'aboutir
à une compréhension mutuelle

il est utile de prendre conscience de la tension
intérieure qui impacte ton raisonnement

observe ton niveau d'attachement
explique-toi clairement
écoute patiemment

trouve l'équilibre entre respecter ta vérité
et méditer le point de vue de ton partenaire

et rappelle-toi que la réussite d'une relation
est de permettre à chacun de se sentir entendu

la maturité, dans une relation de couple, n'est pas de vouloir que ton partenaire soit constamment heureux. les hauts et les bas sont naturels. se donner mutuellement de l'espace pour ressentir des émotions lourdes, tout en restant attentifs l'un à l'autre et en se soutenant activement, est le signe d'un amour véritable. une relation amoureuse n'est pas de vouloir tout solutionner pour son partenaire, mais de vivre ensemble, soudés, les moments joyeux comme les moments éprouvants, et de traverser les changements en continuant à s'aimer. parfois ton partenaire a besoin d'aller jusqu'au bout de son propre processus pour en émerger plus léger et plus libre qu'auparavant.

comment pouvons-nous avoir unc véritable conversation si, à chaque fois que nous parlons, je vois dans tes yeux que mes mots ne te touchent pas ? ils s'arrêtent à un récit que tu as édifié sur moi et qui est fondé sur celui que j'étais il y a de nombreuses années.

noue de profondes connexions,
pas de profonds attachements

avec la proximité surgit la possibilité d'une connexion. si nous sommes en contact étroit avec quelqu'un, une harmonie innée peut se développer. après avoir passé quelques moments avec cette personne, nous pouvons désirer passer davantage de temps auprès d'elle. ou la croiser plus souvent.

à mesure que la connexion s'approfondit, l'envie de prendre soin l'un de l'autre grandit. d'étrangers l'un pour l'autre, nous devenons des personnes qui savent qu'elles contribuent mutuellement à leur bonheur. même dans notre cercle familial et amical, les liens que nous expérimentons sont fondés sur la connexion. la connexion repose sur la capacité innée de l'esprit à aimer. toutefois, l'esprit possède aussi une forte tendance au besoin compulsif qui finit par conditionner nos perceptions et nos réactions.

les connexions profondes que nous éprouvons envers les personnes que nous aimons sont souvent enveloppées et teintées d'attachements, non pas parce que nous voulons compliquer les choses, mais parce que l'esprit est gouverné par des désirs insatiables et un besoin de contrôle. les attachements assombrissent le véritable amour qui émane des connexions profondes. ils créent beaucoup de frictions relationnelles parce qu'ils font obstacle à la liberté individuelle.

il n'y a rien de mal à vouloir certaines choses d'une relation, mais sans contraindre l'autre. nous devons construire de solides passerelles de communication sincère et sereine permettant à chacun de se sentir clairement compris. c'est grâce à cette compréhension partagée que chaque individu peut s'engager librement à cultiver l'harmonie de la relation.

un amour sans attachement n'est pas un amour sans engagement. les attachements sont des tentatives de contrôle marquées par une profonde tension intérieure ; les engagements volontaires sont des tentatives de contribution au bonheur et à l'harmonie empreints de générosité.

fonde ta relation sur une communication claire
et des engagements volontaires, pas sur des attentes

trop souvent, nous gardons nos attentes pour nous-mêmes ou ne faisons que de vagues allusions à ce que nous voulons. nous ne réalisons pas que nous ferions mieux d'explorer de quelle manière nous aimerions être soutenus par une communication claire. quand nous exprimons à l'autre, de façon simple et directe, ce dont nous avons besoin pour nous sentir aimés et en sécurité, nous lui donnons l'occasion de nous aider.

nous sommes tous différents. même si nous partageons une réelle connexion sur laquelle nous pouvons construire, il nous faut apprendre à connaître les préférences, les forces, les conflits émotionnels passés et les schémas réactifs de l'autre.

nous communiquer mutuellement nos besoins, nos désirs et notre histoire émotionnelle nous fournit à tous les deux l'information nécessaire pour mieux nous comprendre, et nous donne l'occasion de montrer notre volonté de nous engager de notre plein gré en disant chacun « ce sont les domaines dans lesquels je peux faire de mon mieux pour te rencontrer. c'est de cette façon que je peux donner le meilleur de moi-même pour t'aider et te soutenir. » nous transformons ainsi nos attentes personnelles en opportunités d'engagement.

la différence ici est subtile mais importante. l'harmonie d'une relation est beaucoup plus grande quand aucune des parties ne cherche à prendre le contrôle. les attentes sont souvent des attachements à vouloir obtenir des résultats, et elles peuvent laisser l'un des partenaires ou les deux avec l'impression d'être pris au piège ou impuissants. la liberté chez les êtres humains, dans les relations interpersonnelles ou d'autres sphères, est fondée sur la compréhension et des engagements volontaires, situations où nul ne se sent contraint d'être ceci ou cela. quand nous transformons nos attentes en opportunités d'engagement, nous cultivons la liberté dans nos relations. toutefois, même quand nous sommes dans une communication claire et des engagements consentis, nous devons faire attention aux comportements manipulateurs. le désir de contrôle peut réapparaître de manière silencieuse, parfois même inconsciemment. tu sais que ton engagement volontaire est respecté quand tu peux librement dire non à une demande sans rencontrer de résistance, notamment quand cette demande te paraît sortir de ta zone de sécurité ou de confort, ou ne pas cadrer avec tes objectifs. toutes les demandes n'obtiendront pas une réponse positive, surtout quand les deux partenaires sont en croissance intérieure et en pleine transformation. par essence, les engagements volontaires doivent correspondre à un libre choix.

il n’y a rien de mal à connaître tes propres besoins dans une relation de couple, mais ils seront mieux satisfaits s’ils sont communiqués clairement et s’*ils concordent avec ce que l’autre est prêt à faire pour toi par pur désir de t’aider*. quand deux partenaires s’engagent l’un envers l’autre de leur plein gré, ils créent un espace où l’harmonie peut circuler abondamment dans leur relation.

trouve un partenaire capable de te donner l'espace dont tu as besoin pour être toi-même. il est sain d'avoir des centres d'intérêt et des goûts différents. tu n'as pas besoin de devenir l'autre pour lui prouver ton amour, et inversement. chacun sait qu'il contribue au bonheur de l'autre quand il a l'impression de pouvoir être totalement authentique. rappelle-toi, la confiance s'épanouit en l'absence de contrôle, et les relations dynamiques doivent respirer ce mélange équilibré de liberté et de cocooning.

ton partenaire doit t'accepter tel que tu es
mais aussi t'aider à te sentir suffisamment en sécurité
pour accomplir ton profond travail de guérison et de
croissance intérieure

non pas parce qu'il veut te changer
mais parce que sa présence te dynamise
et t'encourage à développer
une plus grande maturité émotionnelle

il ne s'agit pas de trouver la perfection dans l'autre ;
il s'agit d'avoir conscience de rencontrer
une connexion indéniable qui nourrit ton
être et correspond au type de soutien que tu
recherches. se perdre dans une idée de perfection
est un obstacle. quand deux personnes accueillent
mutuellement leurs imperfections et s'engagent à
évoluer pour devenir de meilleures versions d'elles-
mêmes, elles vont naturellement vivre un plus grand
bonheur dans leur relation.

trouve un partenaire qui soit prêt à s'engager clairement. vous savez tous deux que favoriser mutuellement votre bonheur ne relève pas du mystère, mais de l'art de la communication associé à l'action. vos besoins mutuels vont évoluer avec le temps. en prenant l'habitude de faire le point régulièrement, vous allez préserver l'harmonie et le dynamisme de votre union. la manière dont vous vous aimez, dont vous vous faites confiance et dont vous vous manifestez votre compassion élève votre relation et la fait entrer dans un espace où vous pouvez tous deux approfondir votre guérison personnelle. l'amour véritable ne craint pas le changement, il accueille pleinement la nouvelle croissance intérieure et s'ajuste en conséquence.

avoir des conversations sans suppositions ni projections rapproche un couple. s'écouter attentivement et à tour de rôle, réfléchir au point de vue de l'autre avec empathie, décider de faire le point avec soi-même durant la conversation pour voir si on reste honnête et clair – tout cela fait la différence et tisse une véritable harmonie. quand chacun s'efforce d'être le plus présent possible à lui-même et à l'autre pendant l'échange, les conditions sont réunies pour que l'amour véritable dépasse la discorde et que la compréhension apaise le feu du désordre.

il ne s'agit pas de trouver un partenaire possédant
une maturité émotionnelle parfaite ; il s'agit
de trouver quelqu'un qui soit capable de répondre à
ton degré d'engagement – engagement non seulement
vis-à-vis de votre relation, mais aussi à se guérir
lui-même pour apprendre à aimer mieux, à voir
les choses plus clairement et à accroître sa présence

trouve un partenaire devant lequel tu n'as pas besoin de te mettre en scène. quand vous vous êtes tous les deux engagés à vous montrer honnêtes l'un envers l'autre et que vous vous manifestez une compassion mutuelle, il est inutile d'adopter des comportements qui manquent d'authenticité. l'amour véritable est d'offrir un accueil plein et entier aux émotions changeantes de l'autre. bien que vous aspiriez à devenir chacun la meilleure version de vous-même, vous comprenez aussi que la vie ne sera pas rose tous les jours, et que tous vos pas ne seront pas des pas en avant. être dans une relation marquée par une authenticité et une bienveillance fortes vous permet à tous les deux de baisser la garde et de vous montrer sous votre vrai jour.

les amitiés les plus profondes
se révèlent en période de crise

quand ton monde est ébranlé,
un ami est là pour affronter la tempête avec toi

quand tu vois les choses en noir,
il apporte sa lumière pour te rappeler
que des jours meilleurs sont à venir

quand tu te sens en difficulté,
il t'aide à prendre conscience de ton pouvoir

certaines amitiés sont si profondes
que quand vous passez du temps ensemble
c'est comme si vous aviez glissé
dans une autre dimension :

un espace dans lequel vous vous sentez tous les deux
libres et en sécurité pour partager les versions les plus
authentiques de vous-mêmes,

un cocon où le temps s'arrête et où la joie
rayonne sans limite.

un ami irremplaçable est quelqu'un qui :

accorde beaucoup d'importance à ta confiance
apprécie ton honnêteté
fait naturellement partie de ta famille
continue de t'aimer à mesure que tu changes
n'a aucun mal à rire avec toi
t'accueille pleinement dans les moments difficiles
contribue à ton bonheur et à ta sécurité
t'aide à développer l'estime de toi-même
t'encourage à t'aimer et à te connaître toi-même

la véritable maturité dans une relation est de dire
à ton partenaire le moment où tu sens ton esprit
lourd et encombré avant que tes pensées trouvent
le moyen de lui reprocher ta tension intérieure ;
lui dire ouvertement que tu es en proie à
des tourments te permet de prendre conscience de ce
que tu vis et lui permet de savoir que c'est le moment
de te soutenir ou de t'accueillir pleinement.

certains amis occupent une place spéciale
dans ton histoire. ils étaient là quand les temps étaient
durs, ils te percevaient clairement,
contrairement aux autres, et ils croyaient en
toi avant toi.
les liens qui te portent et t'élèvent sont précieux
et durent facilement toute une vie.

le véritable amour va t'accepter tel que tu es, mais aussi t'aider à te sentir suffisamment à l'aise pour te débarrasser de l'ancienne version de toi-même et devenir une meilleure version de ton être. beaucoup entament une nouvelle relation à moitié guéris et à moitié en souffrance. un mélange d'épanouissement et de survie. quand la connexion est réelle, favorable à des engagements clairs, chacun peut s'atteler à sa guérison personnelle, à mettre au jour et à libérer les couches ou les histoires qui attendent de l'être au plus profond de son être. progresser dans sa guérison personnelle permet, en fin de compte, d'accroître la joie mutuelle du couple.

croître intérieurement

à la longue tu commences à percevoir des changements.
ton esprit devient léger, les arbres semblent
irradier, l'air que tu respires t'apparaît
comme une source de nouvelles opportunités,
et la vie prend des couleurs fraîches.
les hauts et les bas vont continuer d'alterner,
et il y a encore beaucoup à apprendre, mais à présent
tu es calme et ne redoutes plus les anciennes tempêtes,
qui semblent passer plus rapidement. une nouvelle
conscience émerge pour te rappeler gentiment que
c'est à toi d'exercer ton pouvoir et qu'il est prêt à te
propulser en avant dans la paix et la vision libératrice.

prépare-toi à rencontrer une nouvelle version de toi-même à chaque fois que tu abandonnes une nouvelle couche de traumatismes, de conditionnements ou de blessures. à mesure que tu t'allèges, tes points de vue et tes centres d'intérêt changent. la transformation est naturelle pour celui qui prend le chemin d'une conscience de lui-même, d'un bonheur et d'une paix plus vastes.

le but n'est pas de guérir
pour commencer à vivre.
le but est d'embrasser la guérison
en la considérant comme un voyage de toute une vie
et de permettre à d'authentiques connexions
d'émerger naturellement
en cours de route.

se sentir épuisé émotionnellement est courant
après s'être ouvert en profondeur ou avoir vécu
une série d'émotions fortes de manière prolongée.
prépare-toi à t'offrir le temps de sérénité
et de solitude dont tu as besoin pour te régénérer
pleinement.
tu as le droit de ne pas être sérieux tout le temps.

le vrai courage est d'écouter ton intuition
même quand la société et ton entourage te le
déconseillent

beaucoup de conseils prennent racine dans la peur,
les autres souhaitant que tu restes dans le troupeau
et la normalité

prendre un risque calculé n'est pas de l'imprudence ;
c'est de l'absence de peur

ne sois pas dans les extrêmes ; la réponse est rarement tout ou rien. l'action intelligente consiste à découvrir des passages même au milieu d'options contradictoires. les solutions se trouvent en dépassant le superficiel et en pénétrant dans le subtil. comprends que le vie est d'intégrer la complexité. tout est situationnel et multilinéaire. trouve la voie du milieu et mets-toi au défi d'approfondir ta pensée.

donne de l'amour, mais ne t'épuise pas
sois pacifique, mais ne deviens pas passif
aie de la patience, mais ne réduis pas tes prétentions
fais-toi confiance, mais ne te montre pas arrogant
sois ouvert à l'amour, mais ne force pas la connexion
aie des objectifs, mais ne nourris pas des désirs insatiables

quand tu doutes, rappelle-toi que tu as :

le pouvoir de dire non
l'authenticité d'être toi-même
la patience de continuer à apprendre
la détermination à poursuivre tes efforts
le courage d'embrasser le changement
l'audace de donner sans compter
la sagesse de cultiver la paix intérieure
l'énergie de concrétiser tes aspirations
l'ouverture qui épanouit les amitiés
la conscience de suivre ton intuition
l'intelligence de ne pas répéter le passé

ils lui demandèrent,

« que signifie lâcher prise ? »

elle répondit,

« lâcher prise ne veut pas dire effacer un souvenir
ou ignorer le passé ; cela veut dire ne plus réagir
à des choses qui avaient l'habitude de provoquer
une tension à l'intérieur de vous et libérer l'énergie
attachée à certaines pensées. il faut de la conscience
de soi, de l'action réfléchie, de la pratique et du temps.
lâcher prise est l'acte d'apprendre à se connaître si
profondément que toutes les illusions tombent. »

(présence)

il ne s'agit pas d'attendre de ton partenaire
qu'il te rende heureux ;
il s'agit de lui dire clairement comment
il peut te soutenir de son mieux pendant que tu voyages
à l'intérieur de toi-même
pour y faire éclore ton propre bonheur.

il n'est pas possible d'effacer les souvenirs
ni de changer le passé, mais tu peux faire cesser
les vieux schémas comportementaux, diminuer
l'intensité des réactions automatiques, apprendre à
accueillir pleinement le changement, accepter toutes les
émotions qui surgissent, développer la conscience de
toi-même, et renforcer les bonnes habitudes. la guérison
est de l'action engagée ajoutée à du temps.

il est difficile de voir tes progrès
quand tu es complètement
immergé dans le processus

avant de laisser le doute
prendre le contrôle

regarde combien
tu as grandi intérieurement et le chemin parcouru
en faisant mentalement un grand pas en arrière
de manière à avoir une vue d’ensemble

nous nous sentons tellement en sécurité avec ceux que
nous aimons
que nous partageons souvent avec eux
notre tension, notre stress, notre peur,
notre tristesse,
et même notre colère

mais n'oublions pas de leur donner
aussi la meilleure version de nous-mêmes,
notre joie et notre bonheur, notre enthousiasme
et notre paix, notre attention et nos soins

la gratitude te rend heureux
l'attachement te crée des problèmes
la bonté révèle la sagesse intérieure
la dureté révèle les turbulences intérieures
le calme favorise les bonnes décisions
la solitude favorise la transformation

principes de croissance essentiels :

se reposer comme il faut
apprendre davantage
être toujours honnête
développer de nouvelles habitudes
se débarrasser des vieilles histoires
dire non aux vieux schémas
être convaincu de pouvoir changer
dire oui aux personnes qui apportent leur soutien
examiner son histoire émotionnelle
trouver une pratique de guérison des souffrances
passées
prendre le temps de développer la conscience de soi

nous passons trop souvent notre temps à vivre pour demain, à rechercher fiévreusement des résultats qui ne peuvent s'obtenir qu'au prix du développement lent d'efforts réguliers. s'agissant notamment de notre propre transformation personnelle, nous oublions que l'élaboration de nouvelles façons d'être ne se fait pas rapidement ni facilement. un temple de la paix robuste, doté de fondations suffisamment solides pour résister aux tempêtes, ne se construit pas du jour au lendemain.

notre anticipation de l'avenir entrave notre conscience du présent. un esprit qui a déjà un pied dans le futur se consume partiellement dans un rêve – une chimère qui ne peut devenir réalité qu'en honorant ce qui est là, devant nous, ici et maintenant.

à chaque fois que nous respirons, c'est dans le présent. chaque progrès que nous accomplissons dans notre croissance intérieure se déroule au présent. la sagesse qui se fait jour en éprouvant la vérité de la nature ne peut grandir à l'intérieur de nous que lorsque nous observons le présent. même quand nous examinons le passé ou envisageons l'avenir, les informations utiles que nous recevons et intégrons nous arrivent à l'instant présent.

quand nous fixons nos objectifs, nous jetons les bases de notre développement intérieur. à partir de ce moment-là, nous saisissons les occasions d'aligner nos actions sur nos aspirations. mais si nous n'honorons pas ni n'apprécions chaque petite victoire, si nous n'éprouvons pas de gratitude à l'égard des actions que nous menons en faveur de notre transformation, alors nous n'aurons pas l'entraînement nécessaire pour apprécier pleinement la réalisation de nos objectifs supérieurs.

n'oublions pas que le désir compulsif d'atteindre certains résultats est une forme d'esclavage qui, non seulement limite notre progression, mais renforce aussi notre incapacité à éprouver de la gratitude. l'opposé du besoin insatiable est une gratitude qui dit « oui » et « merci » au présent.

tu n'as pas besoin
d'un partenaire pour te sentir complet
tu n'as pas besoin
d'avoir tout compris pour éprouver un sentiment de réussite
tu n'as pas besoin
d'être complètement guéri pour ressentir une paix intérieure
tu n'as pas besoin
d'avoir atteint une sagesse totale pour te sentir heureux

t'accueillir pleinement tel que tu es
renforce ta valeur et
réduit ta tension mentale

nous accueillir pleinement tels que nous sommes facilite la progression vers une meilleure version de nous-mêmes. un développement personnel durable réclame de l'équilibre. si nous détestons qui nous sommes, nous ralentissons notre travail intérieur – l'aversion créant de la tension mentale. bien que nous puissions avoir du mal à accepter le stade où nous en sommes avec la plus grande honnêteté, de même qu'à admettre nos défauts, y compris face à nous-mêmes, c'est la première étape importante vers un véritable changement.

si nous sommes capables d'accepter nos imperfections et de comprendre que notre conditionnement limite notre perception de la réalité, il nous sera plus facile de commencer à démêler l'écheveau du passé enfoui dans notre esprit. il existe une voie du milieu où nous pouvons reconnaître les caractéristiques que nous souhaitons développer sans y ajouter la tension de l'aversion à l'égard de notre propre auto-analyse. nous accueillir tels que nous sommes n'est nullement de l'auto-satisfaction ; c'est le début d'un voyage qui nous mènera jusqu'à une clarté mentale plus haute, et un plus grand amour de nous-mêmes et des autres.

l'un des signes les plus manifestes de la croissance intérieure est un amour de soi, une conscience de soi et un amour de l'humanité plus vastes. le travail intérieur n'est pas fait pour nous transformer en ermites ni pour nous rendre plus égocentriques. il n'est pas juste de ne réserver notre bienveillance qu'à nous-mêmes. si nous travaillons vraiment à développer notre paix intérieure et notre sagesse, notre capacité d'empathie et de compassion à l'égard des autres grandit naturellement.

le travail introspectif nous rend simultanément plus forts et plus humbles. nous nous réapproprions notre pouvoir et suivons plus facilement notre appel intérieur, tout en reconnaissant à quel point nos perceptions peuvent être trompeuses et combien il nous reste à apprendre.

quand nous pratiquons l'introspection, nous réalisons combien la société nous a conditionnés, a modifié subtilement nos préférences et façonné lentement nos préjugés inconscients. nous pensons être objectifs, mais la mémoire de notre passé – toutes les interactions sociales vécues et tous les médias consommés – continue d'influencer nos pensées et nos actes. la véritable liberté est la capacité à observer le monde sans laisser notre passé personnel poser son empreinte sur ce que nous rencontrons. au stade ultime, l'objectivité et l'amour désintéressé se rejoignent. la pratique fait la différence.

les véritables amis savent que tu as toute une gamme
d'expressions et d'humeurs, et des aspects de
personnalité multiples et variés

ils t'accueillent pleinement tel que tu es
et n'attendent pas de toi que tu joues un rôle

ils savent que l'authenticité n'est pas
d'être continuellement la même personne ;
mais de t'autoriser à changer
au fur et à mesure de la vie

guéris au rythme
que tu sais bon pour toi

ce qui marche pour les autres
peut ne pas te convenir

chaque personne détient
une histoire émotionnelle unique

le malaise fait partie de la croissance intérieure,
mais le malaise constant
n'est pas sain

s'aimer soi-même c'est trouver l'équilibre entre
le véritable travail intérieur, le repos et le bien-être

ralentir le rythme est courant
après une période de croissance soutenue

il ne faut pas en avoir peur
mais accueillir cette lenteur comme l'occasion
d'apprendre à connaître la nouvelle personne que tu es
devenue

à mesure que tu gagnes en maturité tu libères tant de
couches
que parfois tu te transformes radicalement,
et perçois ton corps et ton esprit comme une nouvelle
maison à habiter

ralentir le rythme sert le renouveau
et l'intégration des leçons récemment apprises

mais cette lenteur est souvent le moyen
de mesurer le chemin parcouru jusque-là ;
c'est un moment important pour observer tes progrès
et identifier les points sur lesquels tu dois encore
travailler

la paix intérieure n'est pas :

de te sentir parfait tout le temps ni
de te désintéresser de ce qui se passe

la paix intérieure est :

d'être au plus près de tes émotions
sans y réagir ; elle est la sérénité
qui émerge quand tu accueilles pleinement le
changement

six éléments facilitent ta paix intérieure :

ne pas redouter le changement

te montrer bienveillant envers les autres

te montrer honnête envers toi-même

agir de façon engagée et réfléchie

avoir conscience de toi-même

éprouver et manifester de la gratitude

la vie est difficile
et pleine de défis inattendus à relever

néanmoins tu dois te demander :

quelle dose de stress et de tension mentale
tu t'infliges inutilement
en multipliant les suppositions
et en rejouant mentalement tes peurs

combien de fois tu refuses de lâcher prise
et de t'adapter aux changements

quelle part de tourments intérieurs
tu t'imposes volontairement

arrêtons de nous traiter les uns les autres comme des machines. il n'y a rien à redire si quelqu'un ne répond pas immédiatement à ton courriel. ne t'attends pas à recevoir des réponses rapides à chacun de tes textos. l'internet et les réseaux sociaux sollicitent de plus en plus intensément ton énergie personnelle. sois un humain et prends ton temps.

à une époque où l'on s'efforce massivement d'attirer l'attention des autres, épargne-toi cette agitation en réorientant ton regard vers l'intérieur et en éveillant ta propre estime personnelle. les réseaux sociaux peuvent être une source d'inspiration ou intensifier tes insécurités intérieures. sois attentif à la manière dont le contenu que tu consommes impacte tes émotions.

le plus difficile en disant non c'est de risquer de contrarier les autres. si tu sais quel est ton chemin et sur quoi te focaliser, tu dois tenir compte de tes limites. économise ton énergie de manière à pouvoir réaliser tes objectifs prioritaires. les personnes accoutumées au travail intérieur vont comprendre et respecter ton droit de dire non.

durant quelques jours j'ai perdu mon chemin
et le passé est revenu en force

me recouvrant les yeux tandis que de vieux réflexes
ont saisi l'occasion de gouverner mon esprit

je me suis laissé emporter par l'ouragan du passé

goûtant à mon ancienne maison
me rappelant ses murs et ses limites

ressentant encore une fois toutes les raisons
pour lesquelles j'avais décidé de partir

j'étais vide de joie
et ce qui était jadis amusant me semblait terne

je ne pouvais pas vivre à l'aise dans une maison
devenue trop petite pour mon expansion récente

j'ai ressenti une immense vague de culpabilité
d'avoir reculé de quelques pas

puis j'ai réalisé que revivre
ces anciens schémas et modes de comportement
était la motivation dont j'avais besoin
pour fermer définitivement la porte
et cesser d'alimenter les actions
qui me faisaient tourner en rond

ils lui demandèrent,

« qu'est-ce que la véritable liberté ? »

elle leur répondit,

« la liberté, c'est la clarté d'esprit associée à la paix intérieure. être libre, c'est voir sans projeter et vivre sans vous infliger une tension mentale ou un stress inutiles. vous êtes libres à chaque fois que vous n'êtes pas dans le désir compulsif. le bonheur et la liberté ne font qu'un. »

(la clarté d'esprit)

fais de temps en temps le point avec toi-même
en te posant ces trois questions :

est-ce la direction dans laquelle je souhaite aller ?

mes choix récents contribuent-ils à mon bonheur ?

que puis-je changer pour mieux servir mes objectifs ?

pratique les forces de la terre

aie une nature généreuse
sois ancré dans ton intention
tiens bon en période de turbulences intérieures

cultive les qualités de l'eau

traverse la vie avec douceur
aie accès à ton pouvoir à tout moment
la souplesse et la persévérance favorisent la réussite

incarne les enseignements du feu

transmute ce que tu vis en lumière
sois suffisamment fort pour avoir des limites claires
aie conscience des moments où tu as besoin de
carburant supplémentaire

intériorise les valeurs de l'air

exprime tes attentes
embrasse le perpétuel mouvement du changement
percevoir n'est pas tout ; ressentir est l'essentiel

(équilibre)

la maturité émotionnelle
c'est connaître la différence
entre tes vrais besoins
et des désirs compulsifs temporaires

tes besoins t'aident à vivre
à un niveau optimal
et favorisent ton bonheur

les désirs compulsifs reflètent
ton agitation intérieure et tes attachements ;
ils te laissent insatisfait
et te poussent à en vouloir toujours davantage

fais attention à ne pas compliquer à l'excès
ta guérison. tu n'as pas besoin de ressasser
ton passé et de revenir sans cesse sur chacun de tes
traumatismes. la conscience de soi est davantage liée au
moment présent – si tu es capable de te voir clairement
à cet instant, tu as plus de chance d'agir avec sagesse.
le meilleur moyen d'accéder à ton passé et de le guérir
est d'éviter de te fuir ici et maintenant.

recevoir des conseils spontanés est l'un des meilleurs tests qui soit et le moment idéal pour faire le point avec toi-même.

me disent-ils cela dans leur intérêt ou dans le mien ?

ces conseils vont-ils dans le sens de mon intuition ?

puis-je continuer à me montrer patient et bienveillant envers eux même si j'ai jugé leurs conseils inutiles ?

l'une des compétences les plus difficiles à maîtriser est
de te dire non à toi-même de manière à pouvoir te
rebeller et déployer une meilleure version de toi-même :

non aux distractions ou au manque de constance

non aux schémas et aux modes de comportement
qui ne font que te ramener vers le passé

non à ne vouloir faire que ce qui est facile

non au doute et à la peur

une nouvelle vie

le pouvoir se voit dans des gestes de gentillesse

les barrières fléchissent et tombent lorsque nous nous
invitons à échanger entre nous loin de toute pression

la gentillesse est désarmante

parce qu'elle porte en elle une chaleur qui dit,

«je n'ai aucune envie de te faire du mal»

prends le risque

choisis la direction que tu sens
brûler dans ton intuition

la vie est une occasion unique ;
tu peux en faire le meilleur usage qui soit
si tu dépasses la peur

sortir des sentiers battus
n'est pas un gage de victoire,
mais offre la plus belle
opportunité d'accomplissement personnel

lorsqu'elle commença à lâcher prise, elle vit
les choses plus clairement. le présent lui parut plus
facile à gérer, l'avenir plus ouvert et plus prometteur.
en se libérant de la tension énergétique du
passé, elle retrouva son pouvoir et sa créativité.
avec un enthousiasme renouvelé, elle
s'attacha à construire une nouvelle vie
remplie de joie et de liberté.

tes relations s'améliorent énormément et ta
tension mentale diminue considérablement
lorsque tu deviens capable d'accepter simplement les
gens comme ils sont au lieu de vouloir absolument
qu'ils changent pour te ressembler davantage

six signes de maturité :

être ouvert à la vulnérabilité, à l'apprentissage et au lâcher-prise

considérer d'autres points de vue que le tien

accepter d'être responsable de ton bonheur

donner la priorité aux pratiques qui t'aident à grandir intérieurement

faire une pause pour réfléchir au lieu de réagir

être honnête envers toi-même et envers les autres

cultive ton humilité
en mettant en question ta perception
cultive ton humilité
en t'abstenant de mépriser les autres
cultive ton humilité
en évitant de faire des suppositions
cultive ton humilité
en te montrant souvent généreux
cultive ton humilité
en apprenant des autres

quatre maîtres qui donnent des leçons gratuites :

le changement

l'eau

la solitude

l'être

si je désire sans cesse
j'ai peu de temps pour être

c'est uniquement dans l'être
que je peux ressentir une paix véritable

la maturité c'est éprouver de la joie
pour la réussite de l'autre

si ton esprit est prisonnier de la compétition
et ressent une amertume silencieuse
à chaque fois qu'un autre lui rafle l'objet de son désir,
c'est que tu es encore en guerre avec toi-même

mets fin à ton agitation et à ta tension intérieures
en t'aimant
et en te connaissant toi-même plus profondément

même après avoir guéri des traumatismes importants et d'anciens conditionnements, tu ne seras pas heureux tout le temps. il est normal que ton humeur varie. ce qui change, c'est que tu réagis moins à d'anciens stimuli et, quand ton esprit est agité, que tu ne retombes pas aussitôt dans des schémas passés.

te juger sur la première pensée qui surgit
automatiquement dans ton esprit n'est pas juste

elle n'est qu'une copie de la personne que tu étais dans
le passé

ce que tu décides volontairement de faire
façonne qui tu es et influence qui tu vas être
dans le futur

rappelle-toi : pause, réflexion, action

une conversation sincère et profonde avec
un bon ami est parfois la nourriture dont tu as
précisément besoin pour retrouver ta clarté,
te redresser, regarder le monde en face et reprendre
ta mission avec une énergie neuve et canalisée

trois signes d'un bon ami :

tu n'as pas besoin de jouer un rôle devant lui

il est là quand tu traverses des moments difficiles

il est sincèrement heureux de ta réussite

progresser c'est reconnaître là où tu es
et là où tu veux aller sans laisser
l'espace entre les deux te causer
de tension mentale. tes progrès doivent plutôt t'inciter à
continuer d'avancer tranquillement
et avec assiduité. avoir des objectifs sans attachements
produit des résultats plus rapides.

les blessures traversent le temps

d'une personne à l'autre
cette pesanteur indésirable héritée
du passé se déverse dans le présent
puis dans le futur

l'un des actes les plus héroïques que l'on puisse accomplir
est de briser la ligne de transmission de la blessure

quand les personnes se guérissent elles-mêmes,
elles stoppent la multiplication de la blessure
et leurs relations deviennent plus saines

quand les personnes se guérissent elles-mêmes,
elles guérissent aussi le futur

la manière dont les autres te perçoivent
reflète davantage
leur mode de fonctionnement intérieur
que tes actions

tu ne peux pas contrôler
le mode de pensée ni le mode de vie des autres,
mais tu peux décider toi-même
de l’énergie que tu apportes au monde

certains peuvent ne pas te comprendre,
mais ce qui compte le plus, c’est que tu
te comprennes

les vrais changements se révèlent lentement. tout ce travail de lâcher-prise et d'élargissement de la conscience de soi apporte nouveauté et fraîcheur à l'existence. quand tu observes le monde, tu constates une nouvelle vigueur et l'opportunité d'une vie meilleure. tu utilises le pouvoir du choix, même si tes schémas tentent de te ramener dans une ancienne direction. tu apprends qu'il est bon d'accepter les émotions qui surgissent et, quand tu n'es pas bien avec toi-même, d'accepter qu'il en soit ainsi ; cela permet aux épisodes d'agitation intérieure de s'évanouir tranquillement, laissant ton esprit plus léger et ton regard plus clair. tu embrasses une vie de développement personnel et accueilles la vérité du changement de manière à ce que la paix intérieure puisse devenir ta nouvelle maison.

le bonheur c'est être capable de
profiter des choses pour lesquelles tu as travaillé
sans te mettre à penser à ce qui manque
ou à ton prochain désir

dire non est un signe de progrès
dire non est un signe d’engagement
dire non est un signe d’émancipation

dire non peut t’aider à atteindre tes objectifs
dire non peut favoriser ta santé mentale
dire non peut t’amener vers les bonnes personnes

dans un monde qui change
et se développe toujours plus vite,
le calme intérieur est ton bien le plus précieux

le type de calme sur lequel tu peux compter
quand tout s'agite autour de toi

le type de calme qui t'aide
à respirer profondément et à prendre de bonnes décisions
quand c'est l'heure de passer à l'action

la sérénité aide l'esprit à y voir clair

la comparaison renforce l'anxiété

la patience crée un espace de croissance

la colère provoque des réactions fondées sur la peur

la joie surgit à l'instant présent

si tu veux libérer une rancune ou une histoire
qui impacte ta perception

rappelle-toi que ce que tu perçois
est limité et ne peut pas inclure tout
le contexte de la situation

ce que tu crois qui s'est passé n'est pas définitif;
c'est une longue histoire

il ne s'agit pas d'avoir tout le temps
des pensées légères et bienveillantes ;
il s'agit de ne pas alimenter les pensées
lourdes et méprisables. de les laisser
passer au sens propre du terme sans les autoriser
à prendre racine ni à contrôler tes actions.

à mesure que nous développons une sagesse plus profonde, nous sommes de plus en plus animés par un sentiment de compassion grandissant à notre égard et à l'égard des autres. il est plus facile de comprendre les autres et ce qui motive leurs actes dès lors que nous comprenons notre propre monde intérieur.

à mesure que notre pensée consciente évolue, nous devenons plus bienveillants envers nous-mêmes et envers les autres. libérer la tension de l'ego et permettre à la clarté de se manifester fait émerger une nouvelle attitude positive remplie d'amour – l'essence de notre auto-guérison.

toutefois, cette bienveillance et cette attitude positive ne doivent pas être confondues avec l'aboutissement de notre transformation. certes, certains signes montrent qu'une nouvelle lucidité est en train d'apparaître, mais n'oublions pas que l'esprit est vaste et que l'inconscient, où l'essentiel de notre histoire émotionnelle est stocké, détient encore beaucoup d'éléments à libérer. nous sommes dans une situation où nos schémas de pensée conscients ont sans doute changé pour le meilleur, mais nos pensées inconscientes, celles qui émergent parfois spontanément, conservent les aspects pénibles et pesants de nos vieilles habitudes.

ce n'est pas pour autant que nous devons nous obliger à adopter certaines pensées et à en refouler d'autres. nous devons juste avoir conscience que cette absence de trajectoire linéaire fait naturellement partie du processus de guérison, et nous attacher à cultiver les habitudes et les pratiques qui nous aident à nous transformer.

lorsque tu t'ouvres à la guérison et à la croissance intérieure, les choses se passent ainsi : une fois que certains problèmes se dissipent, des couches plus profondes trouvent alors l'espace dont elles ont besoin pour remonter, être observées et se libérer. l'inconscient contient beaucoup plus d'éléments accumulés que nous pouvons l'imaginer au départ. c'est la raison pour laquelle le lâcher-prise est un engagement à long terme. il est possible d'accéder à un espace de bonheur bien plus grand tout en poursuivant le traitement et la désintrication des vieux schémas.

un amour de toi-même suffisant
t'aide à trouver un équilibre
entre le don altruiste
et l'auto-protection

trouver qui nous sommes est un processus déroutant
parce que qui nous sommes change sans cesse

trouver qui nous sommes peut être compliqué
sans guérison profonde

nous ferions mieux de chercher à
nous *libérer nous-mêmes* du fardeau des souffrances
et des schémas du passé qui ne contribuent pas à notre
bonheur

à mesure que nous purifions notre être,
à mesure que nous libérons la lourdeur qui l'habite,
tout ce que nous devons faire de nous-mêmes
et de notre temps
s'éclaire

plus nous évacuons les gros nuages de l'ego
qui enveloppent notre conscience
plus nos aspirations les plus profondes deviennent
évidentes

les attachements excellent
à se dissimuler juste sous nos yeux ;
l'esprit peut penser qu'il perçoit clairement
mais ses perceptions sont souvent faussées.

ce n'est qu'en l'absence d'ego
qu'il existe une observation objective.
à mesure que le « je » diminue,
la sagesse peut avoir un espace d'être.

quand tu crées quelque chose,
ne surveille pas sa progression
avec attachement et anxiété

crée-le et laisse-le partir

donne-le au monde et laisse-le vivre sa vie

t'inquiéter du résultat
et émettre des ondes agitées
ne t'aide pas et ne sert pas ton travail

tu sais de ta propre croissance intérieure
que le véritable changement est possible

même ceux qui ont fait beaucoup de mal
renferment ce même potentiel dynamique

certains peuvent changer plus vite que d'autres
mais la vérité demeure identique

avec la bonne motivation intérieure
n'importe qui peut devenir
une meilleure version de lui-même

à l'avenir tu te remercieras d'avoir écouté ton intuition, d'avoir fait respecter les limites nécessaires à ton épanouissement intérieur, d'avoir dit non à ce qui n'était pas en accord avec tes valeurs, d'avoir pris le temps de développer ta conscience de toi-même et d'être resté fidèle à ta propre vision.

il est important
de te comprendre toi-même

mais l'essentiel de la guérison
n'est pas un processus intellectuel

il s'agit davantage de ressentir
sans chercher à éviter

notre manière d'agir est fortement influencée par les schémas inconscients qui contrôlent notre perception de la réalité

notre ressenti est profondément affecté par notre histoire émotionnelle passée – des émotions lourdes qui cherchent à tout prix à se recréer dans le présent

notre perception ne peut devenir objective et claire que lorsque nous observons, acceptons et évacuons ce qui attendait silencieusement au plus profond de nous

lorsque nous dépassons le passé, nous efforçons de réagir à la vie en toute conscience et avons la persévérance nécessaire pour développer des habitudes plus sages, nous ouvrons un espace bien plus large pour vivre autrement le malaise émotionnel que nous éprouvons lorsque nous nous ouvrons au lâcher-prise n'est pas toujours relié directement à un événement particulièrement difficile ou traumatique. l'essentiel de notre conditionnement est généré sous forme d'instants du quotidien qui semblent insignifiants. les réactions de jalousie, la colère, le doute et le manque d'estime personnelle sont facilement oubliés par l'esprit conscient, mais peuvent s'accumuler dans l'inconscient d'une manière qui nous pousse à les revivre.

à une époque d'incertitude et d'imprévisibilité,
ces qualités te faciliteront la vie :

une détermination sans faille
la volonté de continuer à grandir intérieurement
la patience d'écouter ton intuition
la capacité à t'adapter aux changements inattendus
la connaissance de ce qui renforce ta paix intérieure
la connaissance de tes valeurs et
la capacité à y rester fidèle

une vie réussie se crée
en deux mots : « oui » et « non »

aie le courage de dire « oui »
uniquement quand tu sens que c'est bien pour toi

et « non » aux vieux schémas
qui ne sont pas dans ton intérêt

tandis que tes actes délibérés
amorcent un changement
et que ton véritable ressenti
commence à se transformer

tes pensées peuvent mettre
un peu de temps à suivre

efforce-toi d'être le plus mature, le plus patient possible
et les vieux schémas perdront de leur force

tes pensées finiront par s'aligner sur le reste
devenant plus bienveillantes et plus authentiques

n'attends pas de toi la perfection
même si tu as accompli un sacré
travail intérieur

progresser c'est agir plus souvent
de façon réfléchie que de façon automatique

et ne pas te punir
parce que tu as encore une marge de progression

autorise tes erreurs à éclairer tranquillement
ton évolution intérieure et ton processus
d'apprentissage

nous pouvons dire que l'humanité progresse en maturité
parce que nous sommes plus nombreux à dire non au mal

nous prenons le temps
d'examiner nos préjugés,
de passer d'un amour
sélectif à un amour inconditionnel
et d'élargir notre idée
de ce qui est possible

nous sommes plus nombreux à nous guérir nous-mêmes
et à contribuer activement à guérir le monde

à bien des égards, un être humain est un microcosme du monde. les conditionnements accumulés dans notre esprit au fil du temps font écho aux systèmes devenus dominants au sein de la société humaine. les schémas comportementaux réactifs qui se sont répétés et renforcés tout au long de notre vie personnelle reflètent la rigidité et la transformation lente de la société dans son ensemble.

si notre esprit est ce qu'il est aujourd'hui, c'est en grande partie à cause des innombrables réactions défensives que nous avons répétées sciemment ou à notre insu. et, comme notre esprit, notre monde souffre de ce type de comportement. tout au long de l'histoire, les hommes au pouvoir ont toujours eu tendance à agir de façon automatique, laissant les peurs et les traumatismes du passé se transmettre et impacter leur présent.

comme le savent ceux qui se sont plongés dans un travail intérieur, il faut du temps et une conscience de soi suffisante pour rompre avec le passé. il faut répéter des comportements positifs et bienfaisants capables de contrer le flux de l'ignorance et de la peur. et, surtout, il faut une action réfléchie, fruit d'un travail en conscience, pour briser les anciennes habitudes qui entravent l'épanouissement. ce processus se déroule également au niveau collectif. les individus doivent penser et ressentir ensemble avant d'entrer en action contre des systèmes toxiques.

l'amour de soi et l'acceptation de soi dans un travail de transformation personnelle sont d'une importance capitale. ils sont l'énergie qui nous permet de nous accueillir pleinement et d'avancer de façon plus détendue vers l'adoption de modes de vie plus sains. de même, l'humanité est en train de vivre une expansion de bienveillance. les individus sont plus nombreux à reconnaître que leur amour avait des limites et à s'efforcer de l'élargir pour y inclure tous leurs semblables.

avant que le processus de guérison se mette en place, les principaux facteurs de motivation de la plupart des êtres humains sont le désir insatiable et l'aversion. l'accumulation des besoins compulsifs et des aversions tout au long de l'histoire est à l'origine de la société que nous connaissons actuellement. tout est tenu par un système économique à court terme fondé sur la cupidité et qui compromet notre capacité à mener une existence prospère sur la planète. au niveau collectif, nous n'avons pas encore appris à accepter nos différences et à les considérer sans peur, ni cessé de vouloir nous changer et nous contrôler les uns les autres. et nous travaillons toujours à développer une vision à long terme.

il est essentiel de travailler à grandir en compassion et à diminuer l'emprise que les besoins compulsifs et les aversions exercent sur notre comportement, mais nous devons aussi agir directement sur les systèmes et les idéologies toxiques issus de ces besoins et de ces aversions. en tant qu'êtres humains du vingt et unième siècle, nous avons pour mission d'accueillir pleinement la complexité inhérente à l'expérience de l'individu et de l'humanité. si nous sommes capables de nous accueillir nous-mêmes en profondeur et d'agir au nom de nous-mêmes et de tous les êtres humains, nous serons à même de réorganiser la planète pour en faire un lieu où tout le monde pourra s'épanouir et exercer son pouvoir en toute sécurité.

les individus qui travaillent sur leur guérison,
le cœur empli d'un amour neuf,
l'esprit habité par une conscience plus large
d'eux-mêmes,
plus aptes à gérer leurs réactions,
engagés à défaire activement leurs schémas et
leurs préjugés, contribuent à créer un monde meilleur.
ta compassion crée un véritable changement.

tu te demandes peut-être : qu'est-ce qui vient en premier – le travail intérieur ou œuvrer à rendre le monde meilleur ? réponse : les deux peuvent se produire simultanément. nous sommes tous profondément imparfaits et remplis de conditionnements qui obscurcissent notre esprit. le travail intérieur étant un voyage de toute une vie, n'attendons pas d'arriver au « bout » de notre guérison pour aider les autres. mets tes nouvelles habitudes en pratique et guéris-toi tout en travaillant à défaire les carcans à plus grande échelle. agir contre l'oppression, c'est l'empathie conjuguée à l'action.

notre travail intérieur favorise l'avancée collective vers un monde meilleur. chacun rend l'autre plus fort. le travail intérieur nous aide à dépasser nos vieux conditionnements de manière à réduire le mal que nous recréons dans nos interactions sociales. le travail extérieur de l'action collective rend la compassion structurelle – il nous aide à construire un monde où les individus peuvent se sentir en sécurité et voir leurs besoins matériels satisfaits sans se nuire mutuellement, directement ou indirectement. l'élargissement d'une conscience de soi-même qui débouche sur une action collective est le remède dont cette terre a besoin.

la véritable communication s'instaure à l'arrêt des projections et dès que nous sommes prêts à nous écouter les uns les autres de manière altruiste. c'est plus facile quand nous nous engageons vraiment vis-à-vis de nous-mêmes, quand nous travaillons activement à guérir nos souffrances et nos traumatismes anciens, et quand nous apprenons à mieux connaître nos schémas. plus nous nous connaîtrons nous-mêmes, mieux nous connaîtrons ceux qui nous entourent. la communication est indispensable à tout mouvement – elle a trait à la manière dont nous canalisons notre pouvoir et à la direction que nous décidons de prendre tous ensemble.

trois sources de blessure :

l'attachement

l'attente

le jugement

trois sources de guérison :

la compassion

l'engagement

l'observation

te connaître toi-même implique en partie
de prendre le temps de comprendre
la société dans laquelle tu vis

les messages directs et indirects
que tu absorbes en grandissant
pénètrent sans bruit dans ton esprit
et se cristallisent sous la forme d'un conditionnement
qui affecte ta vision des choses

à ton insu
tu développes des préjugés implicites

sans analyse critique
le passé prend racine dans ta pensée

sans conscience ni amour
il est difficile de vivre dans la compassion

c'est à nous d'imaginer et de mettre en œuvre un nouveau modèle de société, de prendre vraiment conscience de la valeur de la vie humaine de manière à ce que la compassion envers tous les êtres humains devienne le principe phare qui préside à l'élaboration de nos communautés, de nos institutions et de nos nations.

notre monde est tombé dans les extrêmes. la cupidité, la compétition, l'individualisme et les prises de décision à court terme ont créé un monde d'abondance pour certains et de lutte âpre pour le reste de l'humanité. nous sommes en déséquilibre. nous vivons à l'intérieur de systèmes qui exercent une pression les uns sur les autres, et causent des dommages directs et indirects. nous ignorons encore comment gagner ensemble ou comment bien vivre sans abîmer notre terre.

heureusement, l'humanité est en cours de maturation. nous sommes jeunes, mais jamais nous n'avons été aussi ouverts à l'idée d'apprendre, de croître intérieurement et de réorganiser notre monde. *c'est à nous de rendre la compassion structurelle*. de créer une société inclusive où les individus ne sont pas laissés au vestiaire à cause de leurs différences, mais accueillis pleinement et valorisés pour l'épanouissement de tous.

il ne fait aucun doute que nous pouvons améliorer notre situation globale actuelle. si nous voulons accéder à un avenir meilleur, nous devons comprendre la complexité de notre présent. plus notre compréhension sera profonde, plus nos actions seront claires. nous devons nous confronter à l'histoire ; la regarder droit dans les yeux, sans détourner le regard. examiner les zones où ses ombres produisent actuellement une oppression. si nous sommes capables d'accepter la réalité présente de l'expérience humaine, nous serons mieux positionnés pour défaire les structures qui ne servent pas le bien commun.

les forces du racisme et de l'hétéropatriarcat existent aux niveaux interpersonnel et structurel. elles impactent nos institutions et ralentissent insidieusement la circulation de la compassion dans notre esprit. nous devons mettre en question le système économique actuel et encourager une meilleure répartition de la prospérité matérielle. aucun de nos systèmes ne durera éternellement ; rien ne dure éternellement. la famine, la pauvreté, le manque d'accès à une éducation et à des soins médicaux de qualité sont des problèmes structurels que nous pouvons surmonter – élever le niveau de vie de manière à ce que les êtres humains ne souffrent plus sur le plan matériel n'est pas impossible ; c'est juste une question de volonté. collectivement, nous avons la richesse et le savoir nécessaires pour y parvenir. ce qui nous manque, c'est un sens plus développé de la compassion inconditionnelle. la société ne sera jamais parfaite, mais cela ne doit pas nous empêcher d'humaniser davantage la réalité que nous partageons. lorsque nous nous engageons à mettre fin au malheur et à soutenir notre épanouissement mutuel, tout le monde en bénéficie.

nous avons pour mission de réfléchir et d'agir plus collectivement tout en encourageant la liberté individuelle. de permettre à tous les individus d'être traités humainement. d'élargir notre conception des droits de l'homme pour y inclure l'émancipation économique. de rêver et d'agir en grand. d'être les leaders que nous voudrions voir exister.

nous avons le pouvoir de réorganiser le monde et de rendre la compassion structurelle.

imagine un monde où l'amour guide la société

les individus ne seraient pas affamés ni en danger
les corps se sentiraient en sécurité et les esprits
pleinement nourris
les voix seraient entendues et les différences respectées

les conflits se régleraient
sans violence ni terreur
tout le monde aurait accès
à ce dont il a besoin pour s'épanouir

partager
écouter
dire la vérité
ne pas se nuire les uns aux autres
être bienveillants les uns avec les autres
balayer devant sa porte

des leçons essentielles qu'on nous a enseignées dès
le plus jeune âge seraient reprises activement par les
adultes que nous sommes devenus et intégrées à une
nouvelle culture globale

accueille les personnes que tu rencontres avec une compassion sincère. vis avec le désir de faire le bien. cultive la paix avec tes mains et tes paroles. prodigue ta gentillesse. autorise les autres à bénéficier de la générosité d'un cœur qui se voue à la bienveillance. ce sont quelques-unes des merveilles de l'esprit humain – des actions plus facilement réalisées par des cœurs guéris. ces comportements aident notre mental à trouver sa sérénité intérieure et créent des havres de paix dans un monde en proie à des montagnes russes émotionnelles. répandre le bien dans le monde soulagera une grande part de l'humanité et sera récompensé au centuple.

ne pas nuire aux autres favorise ta paix intérieure

laisse cette vérité s'établir dans ton esprit
et se réactiver quand tu traverses des moments difficiles

quand tu crois que
la vengeance va apaiser ton cœur
ou effacer la souffrance que tu as éprouvée

rappelle-toi

quand tu crois que
propager tes tourments intérieurs
va calmer le feu qui brûle en toi

rappelle-toi

quand tu crois que
compliquer la vie de ton prochain
va venger ta douleur

rappelle-toi

ne pas nuire aux autres favorise ta paix intérieure

laisse cette vérité s'établir dans ton esprit
et se réactiver quand tu traverses des moments difficiles

trouve un partenaire qui t'accepte tel que tu es mais qui t'incite également à évoluer parce qu'il prend sa propre croissance au sérieux. l'amour ne cherchera pas à vous changer. il vous embrassera de manière si inconditionnelle que vous vous sentirez suffisamment en sécurité pour guérir l'ancien et faire des efforts pour le neuf. le courage dont vous faites preuve tous les deux pour rester engagés dans ce voyage intérieur rayonnera sur votre relation.

je vous aime tous

au sujet de l'auteur

Né en Équateur, Diego Perez a émigré aux États-Unis enfant. Il a grandi à Boston et fait ses études à l'université Wesleyenne. En 2012, il s'initie à la méditation vipassana auprès du maître Satya Narayan Goenka. Au cours d'un stage de méditation, dans le plus grand silence, il a une révélation : il est possible d'accéder à une guérison et à une libération véritables. Après avoir déménagé à New York, il se consacre davantage à sa pratique méditative. Les transformations dont il est le témoin direct l'incitent à décrire ses expériences à travers l'écriture.

Le pseudonyme Yung Pueblo signifie « jeunes gens » et porte en lui-même un message : l'humanité entre dans une ère de croissance intérieure et de guérison remarquable où les êtres humains sont appelés à élargir leur conscience et à se libérer de leurs vieux fardeaux.

La présence numérique de Yung Pueblo et ses ouvrages sont destinés à aider les personnes qui entreprennent leur propre voyage de transformation personnelle.

Diego Perez vit aujourd'hui dans l'ouest du Massachusetts avec son épouse. Le couple mène une vie paisible et pratique la méditation au quotidien.

yungpueblo.com yungpueblo
@yung_pueblo yungpueblo

Achevé d'imprimer en avril 2022
sur les presses de la Nouvelle Imprimerie Laballery
58500 Clamecy
Dépôt légal : avril 2022
Numéro d'impression : 203877

Imprimé en France

La Nouvelle Imprimerie Laballery est titulaire de la marque Imprim'Vert®